男の価値は「行動」で決まる

思考は現実化しない

里中李生

SOGO HOREI PUBLISHING CO., LTD

まえがき

部屋にこもっていて、いいはずがない。

そこで妄想していても、その夢は実現しない。

自分でこうすると決めたり、誰かと約束をしたら、あなたはその「場所」に行かなければいけないのだ。

ある人が、あなたに「渋谷に来い」と言ったとして、そこにお金になる話がないと、あなたは動かない。確実に女が手に入るとか、確実に楽しいとか、その保証がないと、あなたは動かない。

だが、そこであなたが渋谷に行けば、そこで見たものに感化されて、次の行動に移ることができる。

渋谷はあくまでも事例で、最近、私が嫌々出向いたら、良いことがあった街だ。福岡でもいいし、東北でもいいし、近くの美術館でもいいのだ。

そこにさまざまな形の運命の出会いがあり、あなたの才能はそこから開花していくものだ。あなたの目標も、運命の出会いがあったその場所で決まる。
なのに、あなたは部屋から動かなかったり、同じ場所にじっとしているものだ。

人はすぐ死ぬのに。

親が悪い。
世の中が悪い。
女が嫌い。
会社が悪い。
日本はだめだ。
一発儲けたい。
楽して稼ぎたい。

……と思っていて、吠えている間に、あなたは死ぬ。
「俺は健康だ」だって？

健康な人が毎日、事故や事件に巻き込まれて死んでいるじゃないか。

その石橋を叩き過ぎる生き方で、叩いている箇所が腐ってきているから、さっさとその橋を渡って、新しい世界を見に行かなければいけない。

そもそも、男の人生とは、

究極に楽しい→地獄のように辛い→また究極に楽しい→もう終わった→何とか這い上がった

という具合に、浮いたり沈んだりするもので、それに慣れないといけない。そしてそれがない男は、生まれてきた理由すら分からずに、怠慢な人生を送るものだ。その怠けた人生を、右の「地獄のように辛い」部分に当てはめたとしたら、「また究極に楽しい」人生に戻すべきだ。

「もともと、究極に楽しい時間なんか一度もなかった」という反論は受け付けない。お母さんのお腹から出た瞬間が「究極に楽しい」の最初だ。分かるか。

その後、親から虐待されたとしても、「また究極に楽しい」人生は、自分で手に入れないといけない。
「必死」という言葉を知っているだろうか。
誰のせいにもせずに黙々と動くことだ。
私は子供の頃から病弱で、大病を何度もやっているのに、今、ボルダリングをやっている。五十歳を過ぎてから始めて四級だ。三級になると岩場にも行けるほどだ。クライマーの域に近づくのだ。ガリガリの体に絶望した地獄の日々が終わりそうで、腹筋が割れて、以前の体よりも筋力と握力が付いた。なんて究極の快楽だろうか。

あなたは絶望したまま死にたいのか。

世の中に文句を言いながら、死にたいのか。

人のせいにしたまま死にたいのか。

少々、「必死」になったほうがいい。男らしく、少年のままの心を持っていてもいいのだ。

女子と遊んでいたら批判もされるが、そんな僻《ひが》みは無視していてよくて、あなたが美女を仕留める前に地獄にいたなら、すでにそこから這い上がった「名誉」があなたを生涯守り続けるものだ。

最後に、女性を軽視した話ではないが、男たちを奮い立たせるために言いたいことがある。

女性は、子供を産むと一人で動ける時間が減る。

子供がいなくても、生理があるから月に一週間は体が辛い日が続く。

同じ人間で、男のあなたは圧倒的に女性よりも有利なのに、同じアパートに住んでいるOLや女子大生よりも動きが鈍くて、会社での成績も負けているとしたら、余程、サボっているのである。

こんな問題にしても考えたことがないでしょう?

世の中のさまざまな悪徳、偽善や歴史、男女の関係を考えて、それらが「悪い」のではなく、「俺が悪い」と考え方を変えて、前進してほしい。
半年でいいから、悪いのは親でも政治家でも医者でも社会でもなく、「自分だ」と決めて、前を向いてほしいのだ。

里中李生

男の価値は「行動」で決まる

まえがき……2

第一章　行動できる人の考え方

サボりながら夢が叶うと思うな……14
「プライドが高い」は恥の上塗り……20
「世の中の問題」が行動力の源になる……24
今、目の前の真実だけを見る……32
女でいたがる女、色気を持ち続ける男……39
「俺が行く！」という男になってほしい……46
鬱を克服するための行動と理論……52

CONTENTS

第二章　日常の行動が人生を築く

口にした約束は必ず守る……68
正しい日本語を使えない人は成功できない……73
行動の基準は自ら決めなければならない……78
見た目にこだわらなければいけない理由……84
知らないことはすぐに聞け……88
自分が関わるべきことかどうかを見極める……93
詭弁に騙されない知識を持て……99
「行動する」とはどういうことか……109

第三章　自分を変える行動力

本気で思い続けなければ奇跡は起きない……118
人間は鏡があるのに自分を見ることができない……126
十年後、今と同じ自分でいいのか……131
死ぬ気で自分を変えようとしているか……139
「自分は死なない」と思っていないか……148
適切な目標と目的が行動力を生み出す……160
できることをやっていても堕落していくだけ……166

CONTENTS

第四章　利用されない生き方

時間の無駄遣いという重大な問題 …… 174
品格のない妄想は現実化しない …… 184
Facebookを制するものは堕落する …… 190
同じ国の人たちの涙を軽視するな …… 200
「人は不平等である」という大前提 …… 206
幸せになりたいなら強欲さを捨てろ …… 212
ただ「生きる」ことと「生き切る」こと …… 218
あなたたちは悔しくないのか …… 224

ブックデザイン：和全（Studio Wazen）
DTP：横内俊彦

第一章

行動できる人の考え方

サボりながら夢が叶うと思うな

この原稿を書いている現在、サッカーのワールドカップロシア大会が白熱している。中でも、ポルトガル代表の大スター、クリスティアーノ・ロナウドが初戦にハットトリックを決めるなど、相変わらず超人ぶりを発揮している。

日本のテレビも以前から彼の年収などを取り上げているが、改めて「年収は百億円以上。今までに稼いだお金は八百億円」と、盛んに放送している。

そして、別荘を含め、大邸宅がいくつもあり、室内にはプールやサウナがあり、高級車は修理に出しても彼の息子が気づかないほどいっぱいあって、自家用ジェット機があり、ホテルの経営者にもなり……。

加えて、未婚の妻が三人。唯一、公表した女性は一般人の美女である。つまり、女性とも相当セックスをしていると思われる。

その豪華絢爛《けんらん》な生活、豪遊ぶりに、テレビに出演している芸能人たちも唖然《あぜん》として

いて、そちらにばかり注目している。しかし、

実は、彼がそれほど遊んでいないことには誰も気づかない。

または、芸能人たちはそのコメントすらしない。

豪遊している男が、ワールドカップでスペイン相手に孤軍奮闘《こぐんふんとう》、ハットトリックを決められるはずはない。

サッカーファンしか知らない話をすると、ポルトガルはユーロチャンピオンにもなった。ロナウドはすでに三十三歳。日本人のサッカー選手で三十歳を過ぎると、あっさりとクビを切られるのに、まだまだ衰えが見られない。相当、努力しているのだ。全身、鋼のような体は日本で流れている腹筋器具のＣＭでも周知の通り。

女といつも高級車で遊んでいる男が、その肉体を維持し、しかも「世界トップレベルの結果」を出すことはできない。世界トップレベルの結果だ。彼について書かれたウィキペディアの「タイトル」の項目を見てほしい。十年以上、サッカー界のトップの一人として君臨《くんりん》している。

驚愕《きょうがく》の「行動力」である。

あなたたちが好きな超合理主義では想像もできない、行動力だ。

今日は、ワールドカップの予選の試合。明日はクラブチームの試合。次はワールドカップの本戦。その間に、ユーロ選手権があり、また別の試合もあり、練習も当然サボることはできない。サッカーはチームでやるのだ。日本で、香川真司や大迫勇也が練習に参加しなかったら、柴崎岳は誰にパスを出したらいいのか分からなくなる、と例えれば、ロナウドが練習にも参加していることが分かると思う。

しかも、練習以外でも、肉体を「自宅」で鍛え上げている。自宅のトレーニング器具やプールでの調整などが終わったら、未婚の美人妻が子供たちに見つからないようにサッとセックスの相手をして（寝室が五室以上あるから可能）、それが終わると、ランボルギーニを駈《か》ってCMの撮影に行き、そのままホテルに宿泊し、食事を摂《と》り、少し寝た後に代表の練習に参加し、翌日に試合に出る。そんなパターンを繰り返していたとしても、人の生活には常に変化が出てくるもので、幼い子供たちが病気になることもあるし、未婚の妻が不機嫌になることもあるだろう。ロナウド自身がケガをすることもあるし、インスタグラムにひと言、何か書かないといけないような状況にもなっている。フォロワー数は一億人以上だ。

Facebookでよく見かける「豪遊したい」「成功したい」と語る男女は、サボりながら、その夢を叶えたいと思っている。または、夢を叶えてサボりたいと思っている。それに反論はさせない。

先ほど触れた「超合理主義」は常に、簡単に、サッとやることを目的にしていて、「練習」「努力」「コミュニケーション」など無視しているからだ。サッとお金になるビジネスの相手とはＳＮＳ上でしか話さず、それをコスパが高いと自慢し、空いている時間に打ち合わせと言っては飲み会を開いている。

ロナウドはそんな間抜けな生活はしていない。

私のこの説教のような「真実」に怒った人たちは、サッカー界のトップ選手たちを調べてみるといい。ロナウド以外にも、年収が数十億円の選手たちはいる。皆、どん底から這い上がってきた男たちだ。

南米の選手など、若い頃にロッカールームで財布を盗まれ、泣きながらグラウンドへ練習に行っているものだ。そこで、「簡単に稼ぎたい」と、世の中に対して妙な逆恨みを持つ人間と、「頑張って練習して、ワールドカップの代表に選ばれるんだ」と考える人間とで差が生まれる。結果がどうなるかは知れないが、その中から、億万長者になる選手が出てくるのだ。

例えばリオネル・メッシもそう。低所得層の出身。成長ホルモンが弱い体質で投薬治療。そのとき、彼はまだ幼く、アルゼンチンからスペインに一家で移住することになった。幼馴染《おさななじみ》たちと別れ、FCバルセロナに入団。世界一の選手になった。

今三十一歳、まだアルゼンチンのエースである。どれほど努力と練習をしているのか、想像もできない。才能もあるのだろう。バルセロナの監督は、少年時代の彼の小さな身体の中にある才能を見出した。しかし、その才能を維持し、三十一歳になった今も百パーセント発揮しているのは、努力の賜物《たまもの》だ。


では最後に、優しい言葉を作ろう。

才能がなくて、努力してもお金が入らなくて、何かの持病も治らない。

そんな人なら、姑息《こそく》な真似をしてお金を稼いでもいいと思っている。それはネットでよくあるビジネスだが、猫のかわいい動画をかき集めたらお金になるかもしれない時代だ。才能がないのだから仕方ない。それをすればいい。それくらい、途方に暮れているなら。

独身、四十歳以上、体が弱い……。そんな人もいるだろう。

しかし、健康なのに、そしてまだ若いのに、人を騙す教材を売ったり、スタイル抜群の美女が南国で水着になった画像を餌に、仮想通貨に勧誘とかしている奴らがいるから、日本は神様に怒られて、巨大地震の後に必ず豪雨がやってくるんだ。おまえたちのせいだ。

「プライドが高い」は恥の上塗り

私は「プライドが高い」という言葉を使ったことがほとんどない。

言い換えれば使い方も分からないし、使う場面も出てこないし、使う必要もない。

「プライドが高い」と言っている人間は、その目の前の相手に主張しているのであって、すでにその相手に劣等感があるか負けそうになっているのだ。または自分に自信がないから虚栄心を剥《む》き出しにしている状態とも言える。

「プライドがあるんだ」という言葉とはまた、意味合いが違う。日本語に直すと「自負がある」なら、私もよく使う。

　プライドはある。

　私は危機管理能力は天才的だし、知識と経験が一体化していて、言葉はスラスラ出てくる。頭が良いのか将棋やＵＮＯなどのゲームは強いし、ギャンブルにも強い。運動も水泳以外は大半こなし、今はボルダリングをやっている。恋愛の経験も豊富。だから、男としてのプライドはある。

しかし、

「プライドが高いぞ」と滑稽な言葉は使わない。

高学歴の人間が、目の前の経験豊富な男を恐れて言う言葉。

美女が、目の前の男に相手にされなくて言う言葉（よく米映画である）。

実力も実績もない若者が、虚栄心を剥《む》き出しに言う言葉。

あるディスカッションで、私が得意のジョークでお客さんを笑わせていたら、ある若者が「プライドが高いから人と上手く接することができない」と口にした。その瞬間に私の表情が一変して険しくなって、部屋が凍《い》てついたことがあった。後で聞いたら、彼は「プライドがある」と「プライドが高い」を言い間違えただけの好青年だったが、多くの場合で、「私はプライドが高い」はその場の空気を汚す。

先ほど、美女が男に相手にされなくて使う言葉だと書いたが、男に振られたことがない美女が、「私はプライドが高い。ふざけるな」と怒ったとしたら、すでにその時点でそのバーのカウンターは、バーテンダーが冷や汗をかく修羅場になっていると言える。

高学歴のお坊ちゃんが、ふらっとやってきた昔で言う無頼派《ぶらいは》の男に言い負かされそうになって、「俺はプライドが高い」と感情的に反論したら、やはりバーテンダーは一一〇番か一一九番の準備を始めるだろう。それくらい、「プライドが高い」という台詞は、言ってはいけない言葉であり、とても恥ずかしい言葉なのだ。

かつて成功を収めて長生きしてきた男が、「老兵は去るのみ」という状況に追い込まれても、「俺はプライドが高い」とは言わない。「わしにも長年培ってきたプライドがある」という言い方になるだろう。それでも老いて能力を失っていたら惨《みじ》めなのだ。まして や、実績もない男が、そう、

何の行動も伴っていない「プライドが高い」は恥の上塗りだと思ってもらいたい。

美女の「プライドが高い」は顔だけの女で、男の「プライドが高い」は目の前の相手を怖がっているのである。

◆「世の中の問題」が行動力の源になる

先日、タイに取材旅行に行った。その前後から、かなり耳が痛くなるようになった。突発性難聴だ。「ちっ、耳の周りにバンテリン塗ってやろうか」と思ったくらいだ。主に右耳で、人混み、密室で痛くなるか耳に水が入ったようになり、聞こえにくくなる。

タイに行く前の成田空港でかなりきつくて、一緒に行った友人に「こっちは聞こえないから、逆側歩いて」と言った。米ドラマ『パーソンオブインタレスト』のルートみたい（笑）。彼女は片耳を敵につぶされているのだ。飛行機に乗ったら治ったから、「飛行機、嫌いなのに。なんか逆じゃないか」と私は自虐《じぎゃく》的に笑っていた。

先日、代官山に展示会場の下見に行ったときには、前夜に熱中症気味になっていて、頭痛がひどくて、加えて、耳も痛くなった。気の利く友人と一緒だったから、その友人が「タクシーに乗ろう」と、言ってくれて助かった。

昔、英会話教室を断念したのもこれが原因だった。それが二十歳くらいの頃で、数年前にも耳の検査で大きな病院にも行ったし（異常なし）、まあ、長く苦労させられているなと思った。

だけどね。だから何なの？　死ぬわけでもない。

私の古い友人女性には、「良かったじゃん、歌手じゃないんだから」と言われた。冷たい女性だが、確かにその通りで、「大丈夫？　私に甘えて」と言われたところで、それもできないキャラだし、そう言ってもらえて助かった。

こうした症状は、何かトラブルが起きたり、集中しなければいけない状況になると治まることを経験的に知っている。「タイでトラブルがあったら治まるから」と同行した人にも言ったら実際にトラブルが起きてしまったが、そのとき耳の症状は治まったし、代官山の店に、もし、暴君《ぼうくん》でも入ってきたら治まっていただろう。ヘロヘロで、負けちゃうけどね（笑）。

昨日、ボルダリングに友人の女子を連れて行ったら、彼女、帰りに調子が悪そうで「気圧のせいかなあ」と空を見て言った。

「（急に運動したから）疲れたんだよ。寝ていいよ」

助手席の彼女に言うと、すっと寝落ちした。そのときに、私は右耳が痛くて聞こえにくかったが、助手席は左側だ。だから、どうでもいいんだ。そして女子が寝てしまったら、車の運転にヘマすることもなくなる。集中力が活性化するからだ。

ストレスで発症する痛みやほかの症状、正直、辛い人がたくさんいるだろう。

「それは、強い責任感か命の危険で治るよ」

と言ったら、無責任に聞こえるけど、俺が治るんだから治るんだよ。

医師は無責任じゃないのか。

「あなたは病気ではありません。頑張って」

と精神科の医師が言って、「次の診察はいつにしますか」とか、矛盾してる。病気じゃないなら、「もう来るな」でしょ。

逆も。

「あなたは鬱《うつ》病です。会社を休みましょう」

エビデンスは？　脳をＣＴスキャンしたのか。

サイコパスの脳とそうじゃない人間の脳は違っている。MRI画像を見たら分かる。では、正常の脳の定義は分からないが、ストレスで会社に行けない人と行っている人との脳の形の違いを教えてほしい。どこか腫れてるのか。それは二十四時間いつでもか。セロトニンが足りないのか。それは重度の鬱病でか。

最近、ボルダリングをやるときに、脈拍とかカロリー消費量を測るためのスポーツウォッチを買った。ついでに寝ているときの血圧とかも測ったら、ずっと正常だった。「あれ。深夜に胸が苦しくなって起きたのに」

これにはエビデンスがあるから分かる。気のせいだって。悪い夢を見ても血圧は正常、死なないって。

人間は脳で生きているんだ。脳の底力をバカにしてはいけない。

二十四時間、超集中力を発揮することはできない。だが、私が本気になったときに、耳が痛くなっていることはまずない。タイの税関で、友人が強制送還を食らいそうになったときに、私が冷静に立ち回ることで事なきを得たのだが、そのときに、「耳が痛いよー」なんて成田空港のような状態ではなかった。

すべてのストレスの痛みや気持ち悪さ、不快感などに対して、私は「だから何なんだ」と失笑しながら生きている。心筋梗塞で倒れるとか、医者に「もうあなたの肝臓は終わってます」と言われるとか、そこで初めて「それはヤバい」と青ざめるわけで、ほかのストレスの痛み、不快感、無力感では深刻にならない。

みんな、深刻にならないことができないくらい深刻なんだろうけど、タワーオブテラーに五回くらい乗れば、自分がどういう脳になっているか分かるよ。

「私の気持ちが分かるか」と言われても分かんないよ。俺はあなたじゃないんだから。それに、あなたには実は「深刻」がないんだ。あるとすれば自分の生活と死。

当たり前だって？

国家の中の社会で生きているのに、自分のことだけなのか？

私は先日、ボルダリングのジムで熱中症気味になった。水分をきちんと摂っていたから実際のところは気のせいだろう。そのときに、雑誌の撮影隊がジムにドタバタと入って来た。モデルの子供と超スタイルの良い女子大生風のモデルさんを連れて、スチールカメラマン、アシスタント、必要もなさそうなＡＤみたいな奴と総勢五名以上だ。「そのまま登っていていいですよ。写ったらモザイクをかけるそうです」と事前に受け付けの人に言われていたが、さて、私、業界の人間だ。ジムの人たちにも言っていないし、雑誌の人たちもそこに業界の人間がいるとも思っていないだろう。そう、彼らの態度が悪いのだ。

友人といったん外に出て、受け付けに行き、「誰がいちばん偉い奴だ。呼んで来い」と急に覚醒する里中。子供モデルと撮影していたんじゃ、その中に入っては行けない。「え？　熱中症気味でぐったりしていたのに」という顔をする友人。

「どこの出版社だ？」

「いいえ、地元の冊子か新聞紙の……」

何が私の体調を良くしたかと言うと、奴らは一般の人たち、つまりボルダリングを楽しんでいる人たちに、「失礼します」「すみません」「ちょっと撮影させてもらいます」「ご迷惑をおかけします」というひと言もなく、撮影しまくっていたことだ。ヒップラインが抜群の美人女子大生風のモデルがブスに見えたくらい私は激怒。

昔、私もカメラの仕事をしていたが、撮影をしていたときは一般の人が近づくたびに頭を下げて、「すみません。お邪魔して」「通ってください。すみません」とアシスタントと一緒にペコペコしながら撮影していた。仕事で一緒になった芸能プロダクションの社長も同じだ。彼も一般の方がいたら、一声かけていた。

これが深刻な問題だ。分かるか。

私にとって深刻な問題だ。このような深刻な問題がいっぱいあって、それは私のための問題じゃない。一緒にボルダリングを楽しんでいた人たちの問題を、私が深刻に考え、行動に移すのである。そのときのエネルギーは半端ない。

受け付けの顔見知りの女性が、私たちにアイスコーヒーを淹《い》れてくれて謝るから、「いや、君はいいんだ」と、満面の笑顔を作ってジョークも言って、私は頭を切り替える。その日はたまたまジムに男性社員がおらず、トラブルで女性社員の手を煩わせるのも悪いと思い、黙って施設内のカフェで座っていて、彼ら撮影隊が撤収したのを見て、また驚愕。撮影のために開けた遮光カーテンがそのままなのだ。直射日光で、室内は高温、蒸し風呂。それをお客さんやジムの人が閉めている。

その後、ボルダリングで知人が足を捻挫《ねんざ》。私は親指を捻挫。因果関係がないとは言わせない。みんな、暑くて集中力をなくしていた。


どうだ。深刻になっているだろう。あなたたちはそれが分かっていない。重大な問題は自分のことだけで、だから部屋からも出られない。しかし、重大な問題、深刻な問題は街にある。それがあなたの行動力の源になる。

しかし、あなたは部屋にいて、外に出ると体調が悪くなるとごねている。

甘えんな。

無責任に嘲笑しておくけど、世の中「病気」が多過ぎるんだよ。

薬、売るためなんだ。それもとっても深刻な問題だ。

★本文の内容は軽度の鬱などの問題です。

◆今、目の前の真実だけを見る

男性諸君の目の前に、ある女性がいたとしよう。女というだけで意識するかもしれないし、ルックスが好みじゃなければ、ただの人間にしか見えない男もいるだろう。それはともかく、女性は、企業などに勤めても離職が多いと言われている。中には、結婚して退職するのではなく、すぐにフリーになる女子も多い。

男の場合は、逆にその会社に骨を埋めることがまだ多く、それは結婚をしたときのリスク回避とも言える。せっかく結婚したのに、小さな会社を辞めて起業。失敗して離婚、という近年よくあるパターンはネットですぐに見つかるから、結婚した男や恋人のいる男が、簡単にフリーになったりはしない。

「女性はすぐに会社を辞める」

という社会問題だが、では、あなたの目の前の女子はどうか、という話だ。

違うと思う。

人それぞれなのだから。

すべて統計学的な話で、さまざまな差別が生まれてしまう。

私は一回、一回、目の前の人を見て、その人がどんな人間か判断することに徹している。例えば、日本を見下している外国人は多い。みなさんも嫌っている韓国人や中国人がそうで、私も中国人の男から不快な対応をされたことがある。しかし、その次に会った中国人はまた別として、改めて見直す。すると、また「中国は大きな国。日本は小国で悪」とか言われて、「めんどくさいな」とため息をつくが、また次の中国人と会ったら、仕切り直しをする。会ったわけではないが、氷川神社の池に唾を吐いている中国人を見かけて、またがっかりする。

タイでも、スタバで働いている若者のタイ人を罵倒《ばとう》していたのは中国人だった。しかし、そうじゃない愛らしい女性の中国人と会ったこともある。友達に連れ込まれたフィリピンパブのような店にいた、いちばん人気のホステスで、愛嬌《あいきょう》がとてもあった。

日本という平和で治安が良く、学校の教育が行き届いている国では、極端な人たちは生まれない。住んでいない。

観光や、たまに仕事でやってきた中国人の態度が大きいだけで、日本に長く住んでいる人は違う。その観光やたまにやってきた中国人でも、郷に入《い》っては郷に従う人間もいる。

イスラム原理主義とそれに触れているイスラム教の国は、民主主義ではなく、女性は徹底的に虐《しいた》げられている。資本主義社会はすべて敵だから、彼らが目の前に現れたら逃げないと殺されるだろう。または拉致、拘束されてしまう。殺人も、ほかの宗教の人間は人間ではないから、気にせずに行う。われわれがゴキブリを殺すのと一緒だ。

しかし、日本国内でそんなに極端な思想が大規模に生まれたり、仕事をすぐに辞める極端な女性たちが大勢いたりはしない。日本で働いている中国、韓国の人たちが皆、日本人に悪態を吐いているはずもない。それでは彼ら彼女らは仕事にならない。

特にコンビニで働いているような彼ら彼女らは、よく見ると違っている。良くない態度の中国人は、接待でゴルフをしているような人たちかもしれない。それでも、ゴルフをしている中国人すべてがそうとは限らないだろう。

柄にもなく道徳的な話をしているが、とにかく、

目の前の人を見て、一人ずつ決めてほしいと切に願っている。


ある職業の人にひどい目に遭わされて、また同じ職業の別の人間に会ったとき、同じ目で見ないようにと言っているのだ。

ただ、相性というのがあるから、どうしても気になる人は自ら避けるべきで、私も最近、「重い鬱病の人は個人コンサルには来ないでほしい」とアナウンスした。

苦渋の決断だった。

私の言葉で自殺をやめる人もいるから受け入れたかったが、彼ら彼女らが信じているのは目の前の私ではない。そう、これは逆の立場の問題で、彼ら彼女らは、せっかく私の話を聞きに来たのに、目の前の私という真実がいるのに、昨日会った過去の人を見ているのである。医者だ。

医者を絶対的に信じるのは構わない。またその医者に会ったときにそうすればいい

のだ。私を目の前にして、担当の医師を信じている言葉を繰り返されては、アドバイスもできない。

恋愛相談も同じだ。

「彼氏と別れたい」

と言ってくるが、信じているのはその彼氏。パチンコ依存症の彼氏、DVをする彼氏を信じていて、目の前の私は信じていない。「俺は目の前にいるあなたに全力なのに」と、がっかりしてしまう。一時間か二時間だけだが、全力でアドバイスしている。しかし、彼氏に殴られている彼女は私を見ていなくて、彼氏からもらった指輪を見ている。

過去は変えられない。未来のことは分からない。だから、今、目の前の真実を見ているように心がけている。

だが、人は過去と未来ばかり見て、目の前にある真実から目を背ける弱さがある。

「騙されるかもしれない」「嫌われているかもしれない」「悪い奴かもしれない」

あなたがそう考えていると、相手もそれを察知するものだ。

ある女性に会った。
不機嫌だった。
だが、次に会ったときはそうじゃなかった。
どちらが彼女なのか。

どちらも彼女だ。

ある女に裏切られた。あなたは地獄を見た。その女が、あなたがカフェにいたら目の前に偶然現れた。地元ならよくある話だ。あなたはどうするか。彼女が笑顔を作るかあなたを睨《にら》むか、それを見てから判断すればいいのだ。変わっているかもしれないからだ。

日本では、とんでもない人間は滅多にいないのだ。とんでもない人間は無差別殺人者や詐欺師といった連中で、奴らは警察がすぐに逮捕する。

宗教団体は別個に結構あって、圏央道を走っていたら、博物館と見間違うような巨大な施設が見えたりして驚いたことがあるが、彼らが、われわれの自宅に押し寄せて来ることもない。友達の友達の友達が宗教にはまったとか、その程度の規模である。

街に出たら「あなたはイエスを信じますか」とか言い寄って来るが、それも駅前の広場に行くからで、あなたの行動が彼らを引き寄せているだけだ。どうしても、自分に合わない人間や嫌いな人間は見たくもなく、軽蔑《けいべつ》、差別をしたい性質なら、あなたの好きな趣味の人たちが集まる場所ばかりに行っているのが賢明だ。それが「イベント」というもので、共通の趣味を持った人たちは、あなたに優しい。

イベントはそのためにあるような空気が漂っている。だけど私はその空気が実は苦手だ。

私は時間と命を奪われない限りは、いろいろな人に会うようにしている。

女でいたがる女、色気を持ち続ける男

以前の本にも書いたが、浮気は無理にすることではない。

一、相手がいなくて途方に暮れてする（妻が相手になってくれない）
二、寂しくてする（私の経験では肉体疲労がきつくなると、男は女の肌が恋しくなる）

ある美人妻と話をしていて、私が、

「欧米の若い妻は水着が小さい。リゾートホテル内を歩いている洋服も肌をすごく露出している。南のリゾート地に行けば分かる。あれなら、夫はずっと抱ける。日本人の妻は沖縄とかで全身を隠しているような夏服を着ている。水着も中学生が着るようなやつを地味な色にしたようなもの。話にならない」

と言うと、「●●さんもそう言ってました」と、恋愛や美を啓発している有名な自己啓発エッセイストの女性の名前を出した。つまり、その自己啓発の女性は、妻に萎《な》えてしまっている男（夫）を擁護《ようご》しているわけだ。

若い妻たちが悪い、と。

加えて私が言いたいのは、子供を産んだ瞬間から夫は二番目になり、いや、邪魔な存在に「成り下がってしまう」悲劇が日本の各地で見られることだ。そちらはもともと夫の稼ぎが悪かったか、オヤジ臭かったから、かわいい子供が天使に見えて、しかも自分がお腹を痛めて産んだ子だからそうなってしまうのだ。それでも夫を二番目に愛しているならいいとして、「あなたは愛してません。私にはこの子がいます」という態度に豹変《ひょうへん》するから、愕然である。

実際は、夫が死んだら葬式のときに泣くが、女はいつも泣いているからその涙も信用できないと言われている。

だが、この問題はおじさん化した夫が悪いと思っている。

私は、女性を軽蔑している男ではない。最後まで読めば平等に語っていることが分かると思う。お金を稼いでいて、オーダースーツが似合っていて、細マッチョでスポーツ万能。それなりのイケメンだったら、妻もたまには抱いてもらいたくなるだろう……と言っているのだ。

話を最初の問題に戻すが、日本という国はもともと、女性が胸元を出すのを嫌う慣習がある。軽蔑しているとも言える。それをやるのは風俗嬢だというイメージだ。だから、代わりに足を出すのである。女優さんたちのことも、「美脚」と褒めて、「美乳」はない。それを言うならAV女優に言う。

「女優さんはおっぱいを見せないから大きさが分からない」

と男たちがよく言うが、まさに、女優さんたちが舞台挨拶のときなどに胸の谷間も見せない証拠だ。私も最近、女性の胸の谷間を見たのは、中洲のキャバクラだった。西日本豪雨のときに博多で飛行機を待っていた。「飛ぶのか、飛ばないのか。ビジネスホテルを探すか探さないか」と。そのときにラーメンの名店に入ったり、百貨店に入ったり、タクシーで中洲に行ったりしていた。隣にいた若い子たちはミニスカートで、もちろん、胸の谷間も出していた。

日本の女性は、男性と付き合っていても、デートのときは谷間も出さず、ミニスカートかショートパンツ。それも若いうちだけで、彼氏が、「まだまだ若いよ」と言っても、二十五歳くらいから拒絶反応を示す。女子高生みたいで嫌だと。

女子高生のような柄にしなければいいのだが、早くおばさんになりたいのだろうかと思うくらい、ファッションよりも別のことに熱中するようになってしまうものだ。グルメ、占い、ビジネス、スポーツ観戦……。

その彼女と結婚して、子供ができたらもう一巻の終わりで、キッチンでエプロンとミニスカートの組み合わせは二度と見られないし、奇妙なロングのパンツを履いて、「機能性がいいから」と言う。子供を抱きやすいということだが、子供を抱っこするのは夫のほうが多い夫婦もある時代だからどうかしている。

夜になってセックスを促すと、「子供が起きるから」と言って拒否。触ったら怒る。

「二人目はいらないからもういい」

「俺は欲しい」

「じゃあ、狙ってしていいよ。でも二年後ね」

そのくせ、その夫がＡＶを見ていたら、「気持ち悪い。若い子が好きなのか。痴漢になりそうだ」と怒濤《どとう》のヒステリーを発揮して、「浮気したら離婚だからね」と恫喝《どうかつ》する。

私は誇張していない。五組のセックスレス夫婦に聞いたが、三組がこんな感じだ。男のほうが弱いのだ。残る二組は、浮気が暗黙の了解になっているか、浮気はだめだが、それほど怒らないという感じだ。

ある若い夫婦が、沖縄のリゾートホテルに泊まった。子供が一人だ。同じプールに別のカップルがいて、男は四十歳くらい、女は三十前半くらい。彼女はまだビキニの水着を着ていて、仲睦《むつ》まじい。部屋に戻ったら即セックスしようというような話も聞こえてきたらしい。

一方、若い夫婦のほうは、まだ妻が二十九歳なのに、なんと水着ではなく夏服でプールサイド。子供を見ているとはいえ、先ほども言ったようにずっとではない。今は夫が子供を抱っこする時代である。「飲み物を買いに行く」と言っては子供を置いて、行ってしまう。もちろん、沖縄まで行ってセックスはなし。

水着女子たちを見てきただけで、女性に触ってもいない夫は、イライラしているから東京に戻って風俗に行った。妻とさして変わらない年の女性が、何から何までサービスしてくれて、LINE のアドレスも交換してくれて、後日、ハロウィンで仮装したときのミニスカートがかわいい写真やもっと若い頃の水着の写真を送ってきてくれた。妻も昔、そんな服を着ていたなと探そうとしたら「捨てた」と若妻からそっけなく言われた。

これにより、夫たちの浮気は本能ではなく、必然となってしまう。

射精を右手だけでやっていて我慢できるのはオタクだけ。セックスを知っている男たちは、本物が欲しくなる。しかも妻に幻滅したストレスもある。

お互い幻滅していても離婚は許されない。

疲れてきたら、女の肌が欲しくなる。アドレナリンが出たときの肉体と精神のアンバランスな状態は、女性の肌で緩和されるのかもしれない。

私はもう結婚制度は崩壊していると思っている。

時代が変わったのだ。女も働く時代で、男女平等対等を訴えてやまないのだから、女たちに結婚は必要ない。男にとっては、結婚して、子供ができたら即刻離婚する契約が最も適切か、クリスティアーノ・ロナウドのような豪快な生き方が正しくて、女性はどうすればいいのかと言うと、「女の時代」と言って憚《はばか》らないのだから、頑張ってくれたまえ。

女子たちを擁護すると、男たちにも魅力はなくなっていると思う。女性化した「なんとか男子」を盛んにテレビドラマに登場させるが、有名女優が付き合うのはお金持ちの女たらしが多い。つまり肉食系なのだろう。正直言うと、『ハゲタカ』の主人公のような男のほうがモテるのだ（テレビドラマでは、役者は綾野剛）。ずっと、男の色気と迫力を見せていて、頭が良い奴だ。そして美しい女性にはそれなりに優しい言葉を作れる紳士である。

どちらの男女もいなくなった。ずっと女でいたがる女も、男の色気を出している優秀な男も。

一部の「あきらめない世界」「天才たちの世界」「伝統のある世界」だけに残っているかもしれない。

「俺が行く!」という男になってほしい

あなたは、二〇一八年にJリーグのサガン鳥栖に移籍したフェルナンド・トーレスを知っているだろうか。サッカーファンなら誰でも知っている名選手だが、二〇一七年の試合中に、意識不明になる事故に遭った。YouTubeに動画があるから探してほしい。相手ディフェンダーと激突したトーレスは、頭から落下。芝に頭を打った。その直後に、近くにいた選手が目にも留まらぬ速さで彼に駆け寄り(ものすごいスピードだ)、なんと指を使って気道確保をしたのだ。

「これがサッカーの芝居の転倒と本当の転倒の違いだ」

と私の息子に動画を見せたら、まさに絶句していた。

助けた選手の判断力。その動きの早さ。神業とも言えた。時間にしたら二秒くらいだと思う。トーレスが転倒してから駆け寄るまで二秒である。たった二秒でトーレスの気道確保をしたのだ。ほかの選手もすぐに手伝いに集まり、続いて救護班の到着も尋常ではないスピード。救護班が到着してからは泣き出す選手もいたし、ほとんどの選手が敵も味方も真っ青だ。騒いでいるサポーターをなだめている選手もいて、彼も優秀だと思う。

私はこの動画を見て、

「世界中の人間がここまで適切に行動でき、判断力が秀でていたら、人類は本当の意味で地球上で最も優秀な生き物になり、本当のユートピア、つまり平和な世界が訪れるのではないか」

と考え、涙が滲《にじ》んできたほどだ。

逆の状況を想像してみてほしい。

トーレスが頭から落下して、意識不明。周囲の選手たちがどうしていいのか分からずに、棒立ち。救護班が到着するまでトーレスは呼吸が停止したまま。

死んでいたかもしれないのだ。

しかし、この動画にはまったくの逆の、それはそれはパーフェクトに美しい人間たちの姿が映し出されていた。

ほとんどの人はトラブルが起こったときに、次の行動にはなかなか移れなかったり、間違えた行動をとったりもする。登山で噴火が起きたときに、スマホで撮影をするのもそうだし、地震が起きたのに海を見に行くのも愚行《ぐこう》だ。

それはなぜだろうか。なぜ、噴火が起きても逃げずにスマホで撮影するのだろうか。

この時代、人間の判断力は著しく低下した。

長く続く平和のせいかもしれないと最初は思っていたが、これほどまでに自然災害が多い日本で、まだ悠長に構えている人たちがいるのには、ほかに理由があるのだろう。その理由を考察してあるが、話が脱線していくのでやめることにして、明らかに日本人には判断力が欠落している。きっと昔からそんな民族だったのだろう。集団意識、仲間意識が強く、多民族国家でもない。一人では動かずに集団を意識する。

欧州はほとんどの国で人種差別が問題になるほど、いろいろな民族が一緒の町で生活している。そこでは個人の力がとても大事になってくる。生死も分けるのだ。

日本人は、「同じ日本人がみんなで行く！」

欧州ではきっと、「俺が行く！」

ではないか。

トーレスの動画もそれを象徴している。

もちろん、「俺が行く！」という日本人もいる。新幹線で斧を持った男が暴れたときには、「俺が行く！」と行動した彼が女性を助けて亡くなった。


あなたも、「俺が行く！」という男になってほしい。


その結果、人も助けるし、自分の名誉も得られるし、もしかすると成功もするかもしれない。他人や仲間を待っていたらだめなのだ。初動が遅れるという意味だ。

ビジネスのために、仲間を待っていて遅れることがよくある。私にもあるし、今は私の編集者が、私の原稿を待って遅れているというオチにもなっている。

恋愛で、素敵な恋人が現れるのを待っているとか、「果報は寝て待て」なんて奇妙なことわざをまさに寝ながら考えていたりする人はいないと思うが、そんな生活に陥っていないだろうか。

素早くトラブルのために動く。または逃げる。近くにいる人の手を引き……。そうした行動をできなければいけない。

ただし、多くの人を助けようとする偽善に向かってはいけない。

それが実は、失敗を助長するのだ。登山中に、噴火が起こったらスマホで撮影をするのは、「これを多くの人に見せよう」と咄嗟《とっさ》に思うからだ。まさか、アイドルの画像のように、スマホに保存するためではないはず。Facebookに載せて多くの人に教えようとする愚行だ。それによって命を落とす。

「噴火の情報を流してくれて立派だった」という名誉は滅多にない。

むしろ、「なぜ、逃げなかったのか」と責められるはずだ。隣にいる女性の手を引っ張って、なぜ逃げなかったのか。

私は女子と三度、山に登った。本格的ではなく、だが、ある女子が高山病の症状を見せたことがあった。低い山だったが、事前に高山病の症状を調べておいたから、「疲れたんじゃなくて、酸素が薄いからか」と分かり、登山は中止。すぐに下山させて、ベンチに座らせて酸素水を飲ませた。ロープウェイの駅の自販機で酸素水が売っている山があるものだ。

その山、実はよく小噴火する山で、硫黄の臭いもすごかった。「噴火しても撮影しない」「噴火したら彼女を引っ張ってあそこに逃げる」と、チラチラ周りを見ながら登っていたものだ。

それが四年前で、今でも変わっていない。タイのピピ島に向かう航路で、荒波で船が沈没するほど揺れていた。隣の人に、「転覆したらあの島に泳ぐ」と、断崖《だんがい》しかない島を指差して言うと、その人は頷《うなず》いた。

トラブルが起こりやすい場所では常に最悪の想定をして、隣の人を守っているかトラブルの回避策を相談している。

恋愛では待っていない。

ビジネスでは他人を当てにしない。

日本はもっと個人が活発に動かないと、まだまだ世界一の小国にはなれない。

鬱を克服するための行動と理論

私の本は抗鬱薬の「デパス」よりも効くらしい。個人コンサルにやってきた男が言ってくれた。

私は医師ではないから薬は処方できないし、個人コンサルでは読者と会って雑談をするだけだが、占い師の三十分五千円よりは効くかもしれない。だけど、私、手相占いは好きだよ。

ブログにも少し書いたが、人間は「脳」によって支配されている。正確には、「人類」が支配されているのである。じっくり読みたい読者は、答えを最後の一文に求めるが、スカスカの自己啓発しか売れてないから、先に答えを書くと、

鬱の人は脳が時間を遅くしている。ほかの人間よりも時間が遅い。

という理論物理学である。

ではこれから、長い拙文を披露しよう。

人が感じる時間のスピードを十歳で一とすると、

二十歳で一・四倍、

六十歳で二・五倍、

と速度が上がっていく。

あなたがもし六十歳だとしたら、「年を取ったら時間が速く感じる」と、愚痴《ぐち》をこぼしていると思うが、それは理論物理学で実証されているのだ。

ある老人は、よほど体調が悪くない限りは、盛んにゴルフに行くし、「大学時代は遊んでいたなあ」と反省したら読書に熱中する。年甲斐もなく若い女子がいる風俗に行くこともあるし、離婚してさらに新しい人生を歩みたいと言い出すこともある。

新幹線ののぞみ号がこだま号よりも速く目的地に到着してしまうように、目的地（死期）が近いと悟ると、人は準備を急ぐのだ。脳が、その人間のスピードを上げるのである。勤勉になり、テキパキと行動し、目を見張るほどスムーズに動くこともある。

若い人でも、東京から博多行きののぞみ号に乗り、新大阪で降りる人は京都駅を過ぎたら急にパソコンをしまい、忘れ物はないか調べ、日本人らしくゴミを先に捨てに行き、財布に対しても神経を尖らせる。新横浜から名古屋の間では、鞄を指定席に置いたままトイレに行ったのに、京都から新大阪の間ではトイレに鞄を持って行く。間もなく停車する前に財布を盗まれてはまずいからだ。

脳が活発化し、集中力が増強されている状態だ。そしてその人の空間（時空）では、ほかののんびりしている人たちよりも時間の進み方が速くなっている。のんびりしている人は、新神戸や岡山まで行く人たちだ。

新大阪に到着する時刻は変わらないが、それはイギリスにあるグリニッジ天文台を通る本初子午線《ほんしょしご》で定められた時刻に過ぎない。人間が決めたものだ。一八八四年だった。その基準時に従った時刻に、新幹線は新大阪に到着する。だが、本当は一部の脳が活発化した人間によって、到着時間は早まっているか遅れているかもしれないのだ。

それは重力によって時間が変わるようなものだ。三十七億年に一秒の誤差しか生まないアルミニウムイオン時計も、置かれた高さが異なる二つを比べるとわずかな狂いが出てくる。それくらい、時間とはナイーブとも言える。

ロープウェイに乗っていると、「ロープウェイってゆっくり動くなあ」と笑いながら、みんな山々の紅葉を眺めている。ところが逆向きのゴンドラと猛スピードですれ違うのを見て、「あっちのゴンドラはスピードが速い」とびっくりしたことがないだろうか。脳が一瞬、音、速度、視覚の同期ができない状況に陥ったからである。しかし、ロープウェイはお客さんが運転しているのではないから、驚いても事故には繋がらない。地上の始発駅から操作しているのである。

だが、あなたが車の運転中に同じ出来事に遭遇したら事故に繋がる。駐車場にゆっくりとバックで車を入れていたら、隣の車が発車した。すると、自分の車が奇妙な速度で動いている錯覚に陥って、ブレーキを踏むかアクセルを踏むか、人はパニックになる。それが大型パーキングエリアでの事故に繋がっている。

正常な人間は、その一瞬間違えるだけ、恐らく一秒ほどパニックになるだけだが、正常ではない人間はそれが二十四時間続いている。しかし、その正常ではない人間とは、グリニッジ天文台の基準時に拘束されて苦しんでいる人たちのことで、「時刻」が世界になければ、正常ではないと軽蔑されることもなくなる。

答えをもう一つ、先に言うと、

世界基準の時刻が鬱病などの精神疾患を生んでいる要因のほとんどになっている。

ということだ。

山手線が時刻通りに来るのは、原子時計を基にした正確な時刻情報によるものだが、人間を原子時計のように寸分の狂いもなく動かそうとしていることが逆に狂っている。人間はもっと大雑把に、自然体で動く生き物だ。

時計の起源はシュメール文明にあるといわれているが、クオーツ時計ができたのは二十世紀だ。そこから「定刻」に来ないと、または始まらないと、違反になるようになった。たったの百年でヒトの体が正確過ぎる時刻に慣れるのか。

統合失調症に関しては、遺伝などほかの要因もあるからすべてではないが、登校拒否の子供に「朝の九時までに学校に行く必要はない」と言い、それを学校も生徒も大らかな笑顔で認めれば、登校拒否をしないかもしれない。すると、登校拒否というある種の病気の半数はこの世から消える。

面白いでしょう。でもそうじゃないですか。

「学校がなくなれば登校拒否もなくなる」

と、アンチのような揚《あ》げ足は取らないでほしい。今は時刻の話をしていて、その揚げ足取りは、「地球がなければいいんだ」と言っているようなものだ。

さて、学校が終わる時刻。午後三時前に少し顔を出して、それが不自然でもないと登校拒否の生徒が認識すれば、何の苦痛もなく学校に登校する。いじめが原因の登校拒否なら、いじめられる時刻を避けることを被害者の生徒に一任すれば、気楽になって登校が可能だ。

それなのに教師と親が腕に巻いている時計がそれを許さない。「朝、九時に間に合うように七時に起きなさい。夜は九時までに寝なさい」と母親は叱る。しかし、それは母親の意志ではなく、時計の針を見て言っているのである。それくらい人間は、自分たちが決めた基準時に翻弄《ほんろう》されているのだ。

そのため、それに適合することが困難な不器用な人は、鬱になったり、仕事ができなくなったりする。遅刻をよくする女子もある意味、その類《たぐい》の人間かもしれない。遅刻してきたのに、シャワーも浴びていなくて化粧も適当だった場合である。

本題に入ると、鬱の人は自らの脳で、時間を遅くしているのだ。

自分と周囲にいる人たちとの時間に差異がある。最初に触れた倍数で言うと、正常な人間で三十歳で二倍だとしよう。鬱の人は、三十歳で一・五倍。またはもっと遅くて、〇・八倍かもしれない。

これでは、ほとんどが同年代かそれ以上の人たちが集まる職場で、時間のスピードに差ができてしまい、どうにも体を動かすことが困難になってしまうのは当たり前だ。その動けない状態か、動きが遅い状態を「鬱」と診断される。

しかし、実際には彼らは彼らの「マイペース」で動いていて、諸悪の根源は人類が作った「時刻」なのである。だから、デートのときに遅刻を繰り返す彼女が怒られるのであり、ゴルフの人気が上がらないのは、時間、時間に追われるスポーツだからだ。一ホールずつ、後ろの組を気にして、グリーンで芝を読むときもスロープレーを気にして、ゆっくりお昼を食べていたら午後のスタートがやってきてしまう。閑散としたゴルフコースで、気の知れた同伴者と一緒でない限りは、鬱の人にゴルフは厳しい。

また、鬱の人の特徴として、物事に熱中することも下手である。

これは、物事に熱中すると、時間があっという間に過ぎるからであり、その状態に自ら入ることを避けるのである。もちろん、本当は熱中したい。だけど熱中できない。

しかし、物事に熱中させてくれる「相手」がいれば、鬱は改善できる。相手はゲームではいけない。スマホのゲームをしながら生きていくことはできないのだ。相手は生身の人間じゃないといけなくて、それがアイドルでもいいし、面白い話をする上司でもいいのだ。また、熱中の対象が仕事でも、その仕事をやり切ったときに相手がいればよい。またはその仕事で作り上げられたものを大喜びで買う誰かがいるというのでもよい。

鬱病の人でも、何かに熱中している間は鬱病を発症しない。このことは精神医学でエビデンスがあり、遊園地のジェットコースターに乗せたらそうなることが実証されている。この場合、患者の同意を得て無理に乗せたのだろうが、よく考えたらこれも時間（スピード）なのだと最近思った。私がこの実験についての本を読んだのが二年以上前だった。そのときは「時刻」については考えていなかった。

鬱病の人は、時間（時刻）に対する共通概念が、世界中の鬱病ではない人たちと違っている。無意識の概念だが、しかし、共通概念を「共通した概念です」と言う人たちと、無意識に「おかしい」と思っている人たちと、どちらが正常か傲慢《ごうまん》に決めてはいけない。

人間はいつの時代も、多勢を正常として、マイノリティを異常として、多くの過ちを繰り返してきた。

ホロコースト、ネイティブアメリカン、原爆投下、テロ、フェミニズム、ポルノ、暴力映画、ＩＴ革命……。その当時、正常だと思って実行してきた行いが、今は大罪となっている場合もある。まだ決定していないものもある。（注）

そんな頭の悪い人類の医師や、自称、正常な会社の上司や学校の教師たちが、「あなたは鬱病」と決めて、威張《いば》っているのが私には理解できない。金のためか読書不足か分からないが、鬱病が正しくて、時刻通りに活動している人々が何かの病気かもしれない時代に覆るかもしれないと、指摘しておきたい。

朝の通勤の超満員列車に飛び込む人たちが病気だと、後の歴史が語るかもしれないのだ。定刻に会社に到着したら、やり手の営業マンでも、「彼らは深刻な病に侵されていた」と。

その昔は、少年愛が正しかったのに、今では少女愛が正常とされるほどだ（誘拐などはしたらだめだが、男たちが美少女アイドルを好きになるのは正しくて、男たちがジャニーズのアイドルを追いかけると気持ち悪いだろう）。

さて、鬱病の克服方法をここから伝授したい。

私自身はどんな地獄を味わっても鬱にならないのは、脳が異常に活発に動いていて、スピードを速くすることができるからで、それはタイに行った連れが証明してくれると思う。先手、先手でトラブルに対応してきた。荷物の重さの違いで忘れ物を当てたほどだ。

男なら、自分よりも動きが遅い女子を守るために、頑張ればいいのだ。私は二十歳の頃から訓練してきた。恋人を守るために。だから、恋人の後ろから迫ってくる暴走自転車に気づく。その瞬間、私はどんなに過労していても鬱っぽい精神状態でも、クスリをやったかのように活発になるものだ。

脳で時間の速度を上げたり下げたりしているから、トラブルの数秒前に、トラブルを回避しているのだ。私が、時刻である基準時に逆らっていて、時空を歪めているのである。三十七億年に一秒の誤差があっても人々が気づかないように、私が脳で歪めた一秒以内の時間の変化は誰にも分からない。

死にかけていた愛猫を咄嗟《とっさ》の判断で病院に運んだことがあった。呼吸不全だった。そのときに家族の時間は遅かった。だから、息苦しそうにしている愛猫を見た私の脳がスピードを上げたのだ。視覚と聴覚が同期して初めて脳は答えを出す。そのスピードが私は速い。

勉強ができるという意味ではない。私は天才ではないが、多くの天才たちが学校の勉強ができたわけではないのだ。

例えば、人は視覚と聴覚を同期するのにも、時間をかけている。今、あなたが聴いている音楽は過去の音で、脳が勝手に今の音に同期しているに過ぎない。それが遅い人はさまざまな場面で答えを出すのが遅くて、それがあまりにも遅過ぎると鬱とか何かの精神疾患と言われてしまう。そんな世の中だから仕方ない。訓練することだ。私のように。

あなたは右利きだろうか。だったら、左ハンドルの車に乗りたまえ。スマホの操作は左手で。その結果、不慣れな動作が時間を歪ませる。脳が五感の同期に苦労をして、活発化してくる。

ああ、そう言えば、私は少年野球チームにいた頃、無理やり、左打ちに変えたっけ。腕力がなくてホームランが打てないと分かったから、内野安打で出塁できるように左打席に入るようになった。小学生のときだ。脳の訓練は、小学生のときから実行していたようだ。それにしては勉強は嫌いだったな。


熱中するものを作りなさい。


あなたを勝手に誘導、つまりリードしてくれる相手がいいのだ。ジェットコースターのような相手だ。

男女ともにお勧めなのが、好みのマッサージ。マッサージをする技師がリードしてくれて、何もしなくても気持ち良くて、顔見知りになったら話もできる。

タイに行った話とは関係ないが、タイ古式マッサージが私は好きだ。体力が必要なせいか若い女子が施術している店が多く、よく東京ドームシティにあるスパラクーアのタイ古式マッサージに通っていた。

男なら、メンズマッサージという離れ業もある。お金がかかるが、店の女の子の態度が悪いことはまずない。六本木はどうか分からないが、福岡の中洲で態度が悪い風俗嬢がいた話は聞かない。どんな風俗か女性読者に説明すると、セックスやフェラチオがなしで、全身をマッサージしてくれる新手の風俗だ。店の女の子たちは、「私は風俗嬢じゃない」と言い張るらしいから面白い。

そのマッサージを受けている二時間弱、あなたは鬱なのだろうか。違うはずだ。デパスが必要なほど、そのマッサージが苦痛になるのだろうか。そんなはずはない。

では鬱病とは何か。

何か。

ほら、考えれば分かるでしょう。

幻想のようなものだ。

咳が出るウイルスに感染したら、ウイルスが体内から消えるまでずっと咳が続く。

がんは世界各国にあるが、鬱病は慌ただしい先進国にしかない。

鬱は何かに熱中すると発症しない。そして違う国に行ったら「鬱病」と診断されない場合もある。


あなたは鬱病ではない。

勝手に「私は正常だ」と威張っている医師や親が決めたのだ。

あなたはただの訓練不足になっているだけだ。

または熱中できる相手がいる趣味が見つからない。

または、日本の時刻に体が合わない。

この国、時間にうるさ過ぎるでしょ。

時間にルーズな国に行ったら、あなたの鬱病は治る。ただし、そこの日本企業に勤めたらだめだ。


長くなったが、まだまだこの話はできる。私に聞きに来てほしい。

（注）また「ホロコーストや原爆投下を賛美している。肯定している」とAmazonのレビューに嘘を書かれると思う。卑怯な販促の妨害行為はやめてほしいと、先手を打たせてもらう。

第二章
日常の行動が人生を築く

口にした約束は必ず守る

私はよく口約束を守るらしい。

もちろん、日にちが変わる延期などはあるが、本書の担当編集者に言わせると、私はすごいらしい。

私がある女性と、ある場所に行く約束をしていたところを編集者が見ていた。なんか、さっぱり分からないな、これじゃ。それを編集者は私の社交辞令だと思ったらしいが、後日私がきちんと実行したという話を聞いて驚いたそうだ。

彼女はものすごい美女だから、自分は頑張ったように思えるが、実は男との約束も守る。例えばゴルフとかだが、ボルダリングの日時とかもそう。直近であればあるほど守る。

そう、飛行機の中で女性に、「帰りに羽田から自宅まで送るよ」と言ったとしよう。モデルさんでも女優さんでもない一般の女性の知人だ。しかも下心もない。今までに似たようなパターンはよくあって、言ったはいいが、羽田に着いたら疲れていたり、思っていた以上に彼女たちの自宅が遠かったりして、「しまった。言わなければよかった」と、ほぞを噛んだりしていた。

「迎えに行くよ」も同じで、待ち合わせ場所を聞いたら、私の嫌いな場所だったりして（車が入りにくいとか、元カノの家の近くとか。後者は昔と違ってストーカーに間違えられるから困る）、夜中に呆然としたまま眠れず朝になってしまうものだ。しかし、早朝にナビで行き先をセットして、覚悟して行く（大げさ）。

それらの約束を必ず実行してきた。長い人生なので一度か二度は反故《ほご》にしたことがあるかもしれなくて、昔の友人から抗議が来るかもしれないが、もしそれがあったとしたらその人と約束した後に、ケンカをしていると思う。または、インフルエンザなどの深刻な病気だ。

私にとって、約束とは、結構な行動力になってくれるものだ。

「俺の精神力はすごいな」と、若い頃から自画自賛してきた。自信になったわけだ。

車の免許を持っていない女子とばかり付き合ってきて、または持っているけれどペーパーで運転できない彼女たちを、快適に無事故で連れて帰ると決意して運転に集中し、「隣で寝てなさい」が口癖だった。格好つけ過ぎて、スキー場からの帰りに、彼女が寝ている間に体調が悪化して緊急入院というのが一度あったが、それは稀《まれ》な話で、まさに終点が近づくと「ここで油断するな。あと、五分だ」と自分に言い聞かせる技を備えている。

その反面、一人で運転していると、自宅が近づけばウインカーも出し忘れてしまったり、なぜか自宅周辺をもう一周してコンビニに行ってしまったり、自分一人だとまるで「どうでもいい人」になってしまうから、友人たちとの約束は結構私の男らしい行動の原動力になる。

約束をしていなくても、当然守らなければいけないことがある。人様の娘とセックスはしてもいいが、無事に家に帰すというものだ。なんか違うか。うん、この一文、どこかが間違ってる。すみません。

今の時代は男女平等対等で、男が女子を車などで無事に守りながら送迎するとか、あまりないかもしれない。断っておくが、バブルの頃のアッシー君とかではない。私が車で送迎しているのは、仕事を手伝ってくれた女子や恋人の話だ。そして毎回というわけでもない。約束したときだけである。

話を戻すと、今の時代は、生活でも、男が働いて女性が家事と育児という家庭が少ない。私も大病をしたときには女性に経済的な部分で助けてもらった。

しかし、約束は守る。

「結婚しよう」

「●●までに帰る」

「●●はもうしない」

子供の頃から、成長すればするほどそれを守ってきた。相手が「もうその約束はどうでもいい」と言ったら、それはもちろん破り捨てるが、約束を交わした相手が私をまだ信じていたら、その約束は果たす。それを信念としている。そして、

無理かもしれない約束は慎むようにしている。

私の場合は、「親と暮らすこと」だ。親に、「将来、実家に帰る」と言ったことがない。もし介護が必要になったとしても、「介護をするよ」とも言っていない。複雑な事情があるから詳しく書けないが、軽率に口にして相手を期待させるわけにもいかない。「ちょっと映画に行きましょう」程度も大事な約束だが、半年も放置されたらどうでもよくなるものだ。しかし、人生に関わる約束は慎重に言葉を選んでいるつもりだ。

なぜ、私がそんな男になったか？
それはね。
約束を破られてきたからだよ。人間不信になるほどね。

正しい日本語を使えない人は成功できない

私の個人コンサルを受けた人が、「僕のことだ」と思うかもしれないが、心配無用。ほとんどの日本人が、主語を使わず話しかけてくる。

間違った言葉使いは、人生の先輩や成功者に時間の無駄遣いをさせるという恐ろしい迷惑行為となり、ばっさりとクビを切られてしまうのだ。

実際にあった会話ではないが、例えば、

「先日、里中さんが旅行に行ったとき、どこの店が良かったですか」

さあ、これはどこの旅行か。

メールだったとして、「どこの旅行の話？」と私は返す。すると、「○○の旅行」と言われたとして、そのやり取りに結構な時間を費やす。呆れてうんざりした時間も含めてだ。これをメールで繰り返されると、一時間、二時間と無駄な時間を費やしてしまい、その人間とは、たとえ友人だったとしても「関わりたくない。友人から切ってしまおう」と思う。

私の友人に、最近メルセデスベンツのEクラスを買った気前のいい男がいる。しかし、彼はもう一台国産車を持っているから、私は彼に車の話でメールをするときに「Eクラスはどう？」と必ず車の名前を入れる。当たり前だ。「車の調子はどう？」と聞いたら、二台のうちのどちらかが、相手は分からない。

そもそも、あなたは自分が聞きたいことの、主題を口にしないといけないのだ。あなたが聞きたくて、相手は答える立場だ。

日本語が下手だということは、相手をバカにしていることにもなる。

相手はあなたの親ではないのだ。

あなたはビジネスが下手だとしよう。すぐにクビになるとか出世しないとか、それは日本語が正しくないからかもしれない。いや、きっとそうだろう。上司にタメ口をきく新人を教育するのに企業は必死だが、その彼らが会社の外でも失敗したらあっさりとクビだろう。巨大地震、豪雨、広がる格差……。世の中はそんなに甘くない。

成功の定義を仮に、仕事が上手くいっていて人気もあることだとして、成功者はやはり日本語がしっかりしている。芸能人で、仕事が成功していても日本語が雑な人は、正直ＳＮＳはやらないほうがいいと思うくらい批判されているものだ。

「句読点いらね」

と言っている男の子たちをよく見かける。それで社会に出て、ビジネスや営業その他が成功したら、私の所に来てほしい。ただし、その連絡のメールも句読点がなしだろうから、私がそれを読解したら会う。

句読点を付けずに、ブログやTwitterを書いている有名人の人気がなくなっていくのが分からないのだろうか。せっかく良いことを書いていても、読みにくいし、句読点を付けない意味すら分からない。

もったいない、と思う。

がんになったある有名人が書いた闘病記を読んだ。ちらっと読んだらためになることを書いてあるが、「誰か代筆したほうがいいんじゃないか」と心配したほど、文章が子供のレベル。句読点はもちろんない。実はその方をがんになる以前から尊敬していたが、冷めてしまった。

文筆家ではないから、下手でもいいから、学校で習った基本だけを守ればいいのに、わざとそれをしなくて読みにくくする。ちなみに最近、女子大生とよくメールをしているが、彼女すら句読点を付けている（付き合っているのではありません）。

もちろん、私のカットを担当している表参道の美容師の男、岐阜で営業一位の凄腕の男、熊本で出会った頭の良い美人妻、三カ国語を喋れる大阪の男、みんな、ちゃんとした日本語を使う。私のベストセラーを何冊も作った編集者は、逆に日本語が難解なくらい丁寧だ。たまにはジョークを言えよ、と思う（笑）。

最近、私は英会話を習っている。

海外で、持病の突発性難聴の薬を飲むのに、税関で説明がいるかもしれないし、タイに行ったときは、体調が悪そうな少女や少年を見かけた。まずは、「私は耳が痛くなる持病がありますか」とか「あなたは体のどこが痛いのですか」と問いかける会話からスタートした。そのときにも、「主語」が大事になっている。「どこが痛いのですか」ではなく、「体のどこが痛いのですか」と貧困層の少年に聞かないといけない。英語でも主語をカットすると、命令口調になってしまう。「友人同士ならいいよ。それでもケンカになるかもしれません」と、英会話の先生に言われた。

自分のメール、言葉遣いを律してみたまえ。

人生が変わるかもしれない。

ちなみに、美人女優でも、いわゆるメンヘラな言葉を発信していたら人気が急落するものだ。

行動の基準は自ら決めなければならない

お金持ちになったとしても、ちょっとしたことで小銭を払うのを嫌がる男がいる。女性はクーポンや割引が好きで、お金持ちの夫を持ってもあまりその本質は変わらないから、男の話である。

そんな私も偉そうに言っている割には失敗している。首都高に一区間だけ乗るのをやめて、下の普通の道で渋滞や迷子になるのだ。先日も、郊外の道を走っていたら、ナビが高速に入るよう誘導した。たった一区間だ。恐らく、七百円か。「バカバカしい」と思い、料金所に入らずに、下の道に。

ところがその下に、なんと、道がない！

郊外というか田舎なのだ。下は畑ばかり。だんだん道が細くなってきて、行き止まり、迂回……。ナビにも表示されないほどの細い道だ。私が真っ青になっているその頭上に立派な自動車道の高架橋がそびえ立っているから、もう泣きそうになってしまった。結局、元の料金所の入口まで戻り、高速に入った。ETCだったからいくらか覚えてないが、目的地には三十分の遅刻。

まあ、そこの土地の自治体か道路公団の「高速（自動車道）に入らないと道はないぞ。金を払え」という目論見《もくろみ》だと思っている。ゴルフで千葉のほうに行くと、圏央道の先がそうではないか。圏央道に乗らないと、ゴルフのスタートの時間に間に合わないかもしれないくらい、下の道は田舎の道だ。整備もされていないことがある。

さて、私はセコいのだろうか。ケチなのだろうか。

年収が一億円の男でも、たった一区間の首都高に乗るのだろうか。田舎の自動車道は絶対に乗るべきだともう学習したが、首都高ではどうか。阪神高速とかも。

年収が一億円にもなる男の車には乗ったことがないが、年収が三千万円の人や会社社長の車には何度も乗っている。仮に十人のお金持ちの助手席に座ったとして、首都高にサッと入った男は二人くらいだった。

彼らは東京の人ではなく、「道が分からないと遅れるから」と言って首都高に躊躇《ちゅうちょ》なく入ったものだ。それ以外のお金持ちは、例えば、水道橋辺りから六本木に行くのに首都高には乗らない。皇居の横をサッと走ってミッドタウンまで行ってしまう。だからと言って、それがお金持ちでもケチと判断するのは早計だ。

徹底していたら、ケチな社長なのだろう。「首都高は絶対に乗らない」という社長と会ったことがある。

「デートのときは？」

「デート？　デートになんで首都高が必要なんですか？」

「レインボーブリッジを見るとか」

「里中さんは何をしてるんですか」

「デートですよ。普通の。レインボーブリッジからの夜景に女子は喜びますよ」

「だから、里中さんはお金が貯まらないんです」

確かにその社長、無駄遣いを省いて、良い靴、良い鞄、良いスーツを着ていた。しかし、千円前後のお金をケチったことでの失敗は今までにないのだろうか、と首を傾げたものだ。確かに、塵《ちり》も積もれば何とやらで、千円を節約していけばブランド物のシャツがもう一着買える。

私は超合理主義の人たちに人間性を見出すことができなくて、極端にそれを嫌っている。例えば、「メールでしかビジネスをしない」というやつだが、それなりに合理的じゃないと失敗することも知っている。

新幹線に乗るなら、パソコンやスマホの充電が可能な席を確保するのが賢明だ。新幹線は、「充電できる席を予約する」というビジネスマンで、朝夕の東京と大阪の区間の席はすぐに埋まってしまう。充電ができる席だ。

二時間の間に仕事ができるということだが、大いに結構だと思っている。私は読書に充てるが、それでも充電ができる席が空いていたら、そちらにしたくなる。何かのときに役に立つ。そう、それがグリーン車だったとしても。

プラス五千円くらいいか。中流の人間にはかなりの出費だ。

しかし、「充電ができない自由席しか空いてません。後はグリーン車になります」と言われて、自由席に座るとして、それは悪徳でも失敗でも何でもないが、

「グリーン車に五千円を払って、二時間で五千円以上になるビジネスをすることができるのではないか」と転換するのが、できる男のような気がする。

リスクは二時間以上かけてもビジネスにならなくて、ただ五千円を無駄遣いしてしまったときだが、そんなに時給の安いビジネスをやっている男が、新幹線に乗って、東京と大阪の往復をしているとも思えない。

上手く言えないが、この問題はとてもナイーブだと思っている。私が、「郊外や田舎の自動車道には絶対に乗る」と決めたことの理由ははっきりしていて、その自動車道の下の道が悪路だからだ。しかし、首都高で一区間乗る必要はほとんどない。

新幹線のグリーン車にしても、快適なのはいいが、ビジネスにならなければ乗る必要はなく、その五千円で、別のものが買えるかもしれない。五千円あれば安いマッサージに行けて、そのほうがストレスの解消になって、大いに行動力が増す場合もある。

あなたたちが自ら判断しなければいけない。

「ここではお金をケチらない。ケチったら時間の無駄遣いになる」
「ここではお金を節約する。節約したお金を別のことに使う」

と決めておくのが無難だ。ノートにメモしておくのが最善策だろう。
一週間ほどでそのノートを作ってみてほしい。

見た目にこだわらなければいけない理由

『人は見た目が9割』という本がある。

まったくその通りだ。

残念だが、美男美女がどれくらい優遇される世の中か、みなさんも実感していると思う。美女なら、多少のわがままは許されて、男性が家まで送迎してくれて、ルックスが必要とされる仕事は面接を通り、お金持ちと結婚できる。

男でも、美男なら営業成績は上がるし、女にモテる。ひと際目立つほどのイケメンだったら、女性アイドルグループのライブに行けば、次に訪れたときに、彼女たちが覚えていてくれるだろう。良いイメージで。

さて、それでもファッションがズボラだったら話にならない。

私の場合は、髭《ひげ》を剃らないことで人生の五年以上は損をしている。カミソリ負けをするからだ。
先日も、いい年をして「ディーゼル」のショップに行った。しかも渋谷。若者向けのブランドだが、結構な値段で、「若者が買えるのだろうか」と首を傾げた。ボルダリングは背中で語るから、背中に何か書いてあるシャツを物色しに行ったのだ。背中に「78」と大きく書いてあるシャツを買ってボルダリングに行ったが、やはり髭を剃り忘れている。台無しだ。

ファッションはとても人間らしい行動だ。

猿は服を着ない。アマゾンの未開の人たちも服にはこだわらない。つまり人間の進化の証が洋服だと言える。それを疎《おろそ》かにしては、人間性が疑われるかもしれない。女性が、女を捨てる瞬間もそうだ。ファッションよりも占いや趣味に走ってしまう。
私は結婚をしている男と結婚ができない男の調査をこっそりとしている。やはり、ファッションセンスが良い男は結婚している。表参道の美容師と小旅行に出かけたときに、ずいぶんと目立つ水玉のシャツを着ていたから、空港のロビーで見つけやすかったが、似合っていたし、「人と同じような服は着ないんですよ」とイケメンの彼は言った。もちろん、美人妻がいる。

具体的に言うと、私は黒っぽいアメリカンカジュアルに赤を合わせるファッションを好んできた。それをやめて、今は白っぽいシャツに何か字が書いてあるカジュアルかストリートファッションにしている。スーツはポールスミスで、裏地にポールスミスらしい絵柄があれば最高に良い。

いい年をして韓国ストリートファッションはどうかと思うが、見た目を変えることによって交友関係は変わるし、新鮮な気持ちになる。

また、地味な洋服しか着ていない人たちが集まる場所に、そんなファッションで行くと目立つから、インパクトを与える。その上で、ファッションと違い謙虚《けんきょ》にしていればいいのだ。正しく言葉を使い、上品でいる。

さすがに将棋のイベントにペイントしたジャンパーで行くのはどうかと思うが、偉い棋士と挨拶するときにサッと上着だけ脱げばよくて、繰り返し言うが、言葉遣いを丁寧にしていれば問題はない。

「静謐《せいひつ》」という言葉を知っているだろうか。「静かで落ち着いた様子」という意味だ。少しばかりファッションは目立つようにして、中身は静謐なのがいいかもしれない。
まだ、自分が「似合わない」と思ってはいけない。

あなたがオタクでデブでも、「ディーゼルのニットを着たければ、それを目指した男になれるし、ポールスミスの財布が欲しければ頑張れる。

人間は美しいものが好きで、女性も美しいものが好きだ。美女は不潔な男、地味過ぎる男とは恋はしない。

◆知らないことはすぐに聞け

少し前に、ＦＣ東京の試合の観戦に行った。

ＦＣ東京のチームスタッフに友人がいて、招待していただいた。当日は、中学生の息子と一緒。息子は私のことを、「なんでも知ってるお父さん」と思っているかもしれない。しかし、味の素スタジアムに車で到着したら、来賓用の駐車場が分からず、車から降りて警備員に聞いた。やっとの思いで駐車場に入ったが、車から降りて今度は来賓専用の入口が分からず、仕方ないからぐるっと回って、一般のゲートに。

とは言うものの、一般席の入口から入れるチケットすらない。名前だけで通れることになっているのだ。ところが、同様に迷ってしまう来賓者が多いのか、一般の入口の案内所のノートに、私の名前が書かれていた。素晴らしい気配りである。だから、結局は一般の入口から入ったわけで（笑）。そこから、案内所のスタッフに家族などが座れる専用の入口に案内してもらった。

息子の前で格好良いはずの父親が、右往左往だ。何回も警備員やスタッフに行き先を聞いたものだ。しかし、そこで格好つけて一人で頑張ると、試合開始に間に合わなかった。せっかく席を用意していただいたのに。

「聞くは一時の恥、聞かぬは一生の恥って言うんだ」

私はよく息子にことわざを教える。「灯台下暗し」、息子が最初に感心してくれたのがこれで、どんな場面で教えたかは忘れたが、彼は今でもこのことわざを使っている。恥も外聞もなく、警備員に行き先を訪ねている父親を見ていた息子だが、私の名前や車の種類がいろいろな入口に記されていたのを知り、大人の世界に感動していた。係の人が私の車の型とナンバーを見ただけでゲートが開くような様子だ。ほかの施設でも、「来賓」に対してこんなに徹底しているのか分からないけど、私もびっくりしました。FC東京は強いし、みなさんも是非、サポーターになってください。

最近は知らないことをネットで調べる人が多いが、それも悪くない。スピードがあるし、知らない人に不意に声をかけると、キレられることもある。

日本人は「困っている人に優しい」と言っても、それは困っている外国人に対してがほとんどで、日本人は、自国「日本」のイメージを良くしようとする癖がある。サッカーワールドカップで日本代表が敗退した試合の後、サポーターがゴミ拾いをしたのもそうだ。

無論、日本の町にもゴミは落ちていないから、無意識で素晴らしいものだが、あまりにもお金にならない場所や場面で、何でも親切に教えてくれる人ばかりではない。そんなときにはスマホで自分で調べるのも悪くないが、スマホにない情報もある。

何よりも、「俺は知っている」と、いきがり、本当は知らないのに、知っているふりをして他人や友人を巻き込むのがいちばん愚かなのだ。

だから、分からないことは機嫌が良さそうな人にサッと聞くべきである。

知識もそうだ。

池上彰さんみたいに何もかも知っている男ならいいのだが、そうでなければきちんと調べてから口にするべきだし、専門家に訊ねるべきだ。

知識とは少し違うが、私は、旧約聖書の『ヨブ記』が嫌いで、いや、嫌いというのは語弊がある。つまり理解できずに、わざわざ教会の神父さんに電話をして時間をいただき、教会まで話を聞きに行った。その話、つまり解釈を私はどこにも詳しく書いていないが、それは神父さんに聞いても『ヨブ記』を理解できなかったからで、知ったかぶりをして喋るのを控えたのである。


こんなこともあった。

Twitterで、私の知らない人がアメリカの銃社会の問題が分からない、と呟《つぶや》いていた。若い男だった。私がたまたまその拡散されてきたツイートに、専門書にきちんと書いてある答えを教えてあげたら、「ソースを出せ」と怒られたのである。そう、人に訊ねておいて怒り出す奇妙な人もいるもので、きっとそれはTwitterで一日中、何かを呟いている特別な人間の何かの劣等感のような感情が根本にあるのだろう。

私の経験上、空気を読まなければ、他人にものを聞いたり、教えたりすることはできないという答えが出ている。

ボルダリングのジムでも、ごく稀にだが、「話しかけるな」という態度の人がいる。それもこちらが空気を読めば分かることで、私の知っている限りでは、誰もいない時間帯に練習に来ているクライマーのレベルの男。そう、黙々と練習したいから会員が少ない時間帯に来ているのだ。それくらい察しないといけない。

ほかに多いパターンは女子で、「私をナンパするな」という態度の美女である。これもごく稀にいる。稀だ。彼女たちの場合も、最初に挨拶をしたときの表情で分かるので、こちらがそれを見抜けばいいだけだ。見抜かずに、教えてあげようとしたり、上手なその美女に聞いたりすると、睨まれる。

知らないことはすぐに人に訊ねることだ。

だが、その場の空気も読まないといけないのだ。

自分が関わるべきことかどうかを見極める

時事ネタになってしまい、本書が発売されるときには消えているかもしれないが、女優の剛力彩芽さんがどこかのお金持ちとラブラブな様子をインスタグラムに載せて、批判されていた。相手の男も「影響力を狙った」と公言していて、世間的には剛力さんが遊ばれているという感覚だろう。

しかし、SNSをやってお金を少しでも稼ごうとしている人たちは、みんな、影響力を狙っているし、影響力という言葉が正しくないとしても目立とうと頑張った投稿をしている。そして、女優さんの恋愛なんかどうでもいいのだ。剛力彩芽さんのファン以外には、何の関係もなければ悪影響もない。

同じ頃、オウム真理教の死刑囚たちが一斉に処刑された。こちら、幾分、大事な問題だ。一斉の死刑執行が欧州各国から批判されているのだし。しかし、死刑がだめで、その場でテロリストを射殺するのは大いに結構という国も矛盾している。

猛暑で多くの学校で生徒たちが倒れ、エアコンを設置しない県がクローズアップされた。愛知県の豊田市とかだ。将来、あなたの娘は女優にならないだろうが、絶対に学校に行くから、これは自分に関係してくる重要な問題だと解釈していいだろう。

「8050問題」というのも剛力彩芽さんの記事の隣に出ていた。私はそちらを見ていた。八十歳の親と五十歳でニートの息子が、「このままでは生活ができない。死にたくない」と泣いているのを、国かNPOか分からないが、何とかしてあげようとしている話だ。

親切な国だと思う。

幾分、私のジャンルの問題だが、何か「どうでもよくなってきた」と思い、深入りするのをやめようと今は思っている。

カジノ法案も騒がれている。

法案が成立してしまったものは仕方なくて、選挙で選んだ政権が何をしても許されるわけではないが、とりあえず急に総選挙にもできないし、カジノ法案程度では国民が怒り狂うわけでもない。ならば、いったんは、「どうでもいい問題」と思える。ギャンブル依存症が増える？　それもどうでもいい。そんな意志薄弱な人間たち、私には関係がない。あなたにもきっと。

え？　夫がパチンコの依存症だって？

じゃあ、パチンコをやめてルーレットに行くかもしれないから、いいんじゃないか。ディーラーとのコミュニケーションもあるし、パチンコよりマシだ。

このように、世間で起こる諸問題について、「これはどうでもいいこと」と、さっと目を背ける。あるいは「これは重要なことだ」と、真剣に考える。そうした基準を決めておくと、とても時間を有効に使えて、そして利発になる。

街のリアルな話にすると、私は公共マナー違反をよく注意するが、実はカップルのイチャイチャには、それが露出していても注意はしない。「楽しそうだな」と思うし、

「バカだな」とも思うし、女性が美人なら「いいな」とも思う。これは怒る対象ではないと私の中で決まっているのである。

しかし、そこに大声が入っていたら別だ。騒音になる。女の子がこっそりと彼氏のをフェラチオしているのを、居酒屋の個室（丸見え）やトイレで見かけても「楽しそうだ」と思うが、そこに女の喘ぎ声が混ざると、こちらの会話が妨害されるという意味だ。

ニュースの記事だけではなく、街でも見かける他人の行動に対して、

あらかじめ、自分の中で「関わる」「関わらない」を決めておくと、本当に人生が上手に運ぶし、とても楽だ。

準備万端という意味である。

例えば、一台か二台しかないＡＴＭで後ろに人が並んでいても、何件も続けて振り込みをしている人とは関わらない。「里中さんが注意しそうな問題」と言われたことが

あるが、多過ぎるから関わらないことにしている。ATMからの振り込みで、並んでいる人をイライラさせるのは当たり前になってきているのだ。

そういえば、かわいいアイドルや女優が政治の話をすると、人気が急落するが、そのアイドルは、前もって、「政治の話には絶対に関わらない」と決めていなかったということだ。

あなたは電車に乗る前に、何を考えてから乗っているだろうか。

私は、

一、女子高生の近くには行かない
一、あれを丸出しにしているような頭のおかしな男がいたら顔に蹴りを入れる
一、うるさいおばさんや優先席で揉めている人は無視
一、赤ちゃんとか小さい子が泣いているのは笑って見る
一、女性の隣には座らない
一、週刊誌の中吊り広告は見ない。新製品や新築マンションなどの広告だけを見る

一、歩く距離が伸びてもいいから後ろか前の空いている車両に乗る

一、火災警報などが試験のために鳴ることがあるので身構えている（パニックになりたくないから）

一、文庫本はなるべく高尚なものを用意する（ポルノっぽいのは痴漢と思われる）

だいたいこれくらいの準備はしている。慣れれば、半年くらいで身に付くものだ。同じ習慣を、普段のネットやらの記事でも実践してほしい。

好きでもない女優さんの恋愛なんか、本当にどうでもいいことですよ。

詭弁に騙されない知識を持て

先日、あるニュースサイトに書かれていた。

「男の産後鬱が増えている」

呆然としてしまった。東京スポーツの「河童を発見した」といい勝負だと思う。

何でも記事にすればお金になるスマホ時代で、芸能人の恋愛、結婚でも平気でお相手の容姿や過去の嘘を書き、それを読ませて奴らは原稿料や広告料を手にする。なんて不誠実な連中が簡単に金を手にする時代になったのか。

女優を手に入れるお金持ちの基本は炎上商法。それに手を貸しているのもその記事を読み、怒ってコメントを付けるあなたたちだ。


本当に、あなたたちは悔しくないのか。真面目に働いて、月給が二十万円以下で、恋人もいなくて、税金ばかりを取られて、社会に洗脳されて……。

冒頭の「男が産後鬱」になるという記事を見かけた話だが、もう、開いた口が塞がらないとはこのことで、どれだけ心の病を増やして薬を売りたいのかと、がっくりと肩を落としてしまった。そもそも、そんな虚弱な男がいたとしたら、勃起もしないのではないか。まさにそこまで女性的な男と結婚する女子の心理も分からない。何でも言うことを聞いてもらいたくて、決して怒らなくて、それでいて使えないのでは本末転倒と言える。

みなさんは人類史を調べたことがあるだろうか。

里中李生は有名な女性差別主義者らしいが、ずっと、「男は凶悪」と言ってきた。以下、真面目に読んでほしい。

人間を最も多く殺したのは「蚊」である。だが、アフリカを除けばどうか。マラリアはほとんどがアフリカだ。だったら、人間を最も多く殺したのは第二位に君臨している人間の「男」ではないか。

人類の歴史を仮に三千年としよう。

先に答えを言うが、男たちは、子供も含めて、殺して殺して殺した数、なんと六億人以上。

この数字は政府による一方的な殺人で、原爆投下、ジェノサイドなどだ。もし、直截的な殺人だけではなく、それに伴う餓死や病死を含め、さらに民間人同士の殺人も含めると、数字はもっと増えていく。調査ができないのである。政府がない時代や国もある。だから、ひょっとしたら五億人ほどに減る可能性もあるが、それでも恐ろしい数だ。

その殺人ゲームが終わったと思ったら、人類は次の殺人（大戦）のための水爆実験を始めた。男性が大好きな女子の水着のビキニは、水爆から取った名称。「ビーチであんなに肌を露出するなんて、水爆のような破壊力だ」という意味だ。さらに、Tバックのビキニも出てきたが、「滅亡」とかいう商品名でも付かないのだろうか。

さて、それら殺人を何の躊躇もなく繰り返してきたのはごく最近までの話で、遠い昔のことではない。実際に残酷な写真が残っているのだから、「昔の話だ」と呑気に笑う人は楽天家だと思う。織田信長の写真はないが、東條英機の写真はあるでしょう。

ヴィーガンの生活を始めた人たちが体調が悪くなるのは有名だ。急に話が脱線したのではない。

人類はずっと肉食だったのだ。トウモロコシなど宇宙から飛来したとも言われているくらいである。動物性たんぱく質が必要な人間の体から、急にそれがなくなったら、体調が悪くなるのは当然だ。一時は気持ちいいかもしれない。暴飲暴食を重ねた結果、余計な脂肪や毒物が体内に蓄積されていたのだから。しかし、野菜だけを長く摂り続けていると、動物性たんぱく質を何千年も食べてきた遺伝子を持っているヒトは体調を崩してしまう。

また殺人の話に戻る。仮にポツダム宣言から、大量な殺人が行われていないとしよう。まだ七十三年だ。人の寿命がそれくらいだから、「もう七十三年だ。俺たちには関係ないぜ」というのがわれわれの認識になるが、一九四五年まで、二千年以上、戦争と虐殺、拷問を繰り返してきたことを考えると、たった七十三年と言うのが正しいし、ポツダム宣言の後もベトナム戦争があり、9・11があった。一九九四年にはルワンダのジェノサイドもあって、死者は、五十万人から百万人前後。これも直接の殺人とそれに伴う自殺（強姦される前の女性の自殺、子供との心中、殺される前の男の自決）、病死、事故死のすべてを数えられないのだ。

まだまだ説得力を誇示する記録はあるが、本題に入ると、ヴィーガンの人たちが体調を悪くすることから分かるように、イクメン十年の日本の男たちが「産後鬱」になるなんて遺伝的にもあり得ないのである。

二千九百九十年間、平気で女子供を殺してきた男が、十年イクメンになって「産後鬱」になるなど、「勉強し直してこい」しか言えない。

もちろん、そんな記事はお金儲けのための嘘で、男性はその本能と歴史の刻印で子供が生まれた後に鬱病になどならない。

まさか、「この子が俺に似たら嫌だな」とか考えるのが鬱なのか。

子供が嫌いな凶暴な男は、きっと虐待《ぎゃくたい》して殺すし、優しい男は離婚するだけだ。どちらも戦国時代から男たちがやってきた。息子が戦場などで死ぬことは名誉だったし、娘を奪おうとする敵は、その理由が立つことで男たちの不気味な笑顔を作り出した。

一方の、女性はどうか。

そう、何千年も男たちに殺されてきたのだ。自身も大事な子供たちも。

ルソーの『人間不平等起源論』ではないが、男同士の戦争に巻き込まれてきた女は、本当に不公平な時代を生きてきた。生き延びるためにセックスと美を懸命に使ってきた。その名残は今もあって、特に美しさを得ると、圧倒的に生きていくのに有利となっている。産業革命の頃はまだ殺人とレイプが多かったが、美女であれば庶民の娘でもお金持ちと結婚できるようになった。庶民から這い上がり、女優になると大統領との恋もできたのだ。

しかし、どんなに美女でも宗教の対立と人種差別には勝てずに、真っ先に殺されてしまった。無論、そのときは夫も子供も一緒で、その代表がホロコーストである。

産後鬱は、女性が不可解な子殺しをする一因の心の病としても有名だ。自らのお腹を痛めて産んだ子供を殺すのは、ジャングルの未開の地でいまだ儀式では残っているようだが、宗教的儀式以外では、「どうせ、将来殺されるなら、母親の私の手で」という理由がほとんどだ。次男や娘がその対象となる。

それは日本では戦国時代まで。しかし、その後も理由を変えて消えてはいない。昭和の戦中戦後は、病死する子供が多く、だから庶民の家庭には子供がたくさんいた。「一人くらいいなくなっても仕方ない」という感覚もあり、娘なら売春宿などに売られた。その後、高度経済成長期を経て、バブル、そしてＩＴ革命の時代になると格差が顕著になった。

一、宗教的儀式や人種差別による産後鬱はもうない。
一、位の高い家柄の女が、次男や娘を殺すしかないことによる産後鬱ももうない。
一、ワクチンがない時代ではない。しかも貧乏で、子供が勝手に死んだり、誘拐されたりする時代でもなく、そのことによる産後鬱ももうない。

しかし、格差社会が生む、自分たちだけが貧乏でスマホも持てない生活になるという不安によって産後鬱になってしまう。それは何千年も続いた女性の本能の不安症である。

イクメンは恐らく十年くらいの流行だ。定着しつつあるが、最近その言葉はあまり聞かなくなった。たった十年間で、何千年かけて刻印された遺伝的行動が変化したら、女子がビキニを着始めたレベルではない世界的な大事件である。分かったような筆で、記事を書かないでほしい。毎日、いろいろな社会問題が出てくる。その半分が人類史で説明が付くとも言える。イエスかノーか分かるということだ。

昔ある女性と口論したことがある。

「昭和の頃にはこんなバカな話はなかった」

女子の言葉遣いか行儀のことだったたか。

「もう三十年も経ってるんだよ」

と彼女は大きな声を出した。

「たった三十年じゃないか」

平行線である。

確かに三十年、いや五十年で劇的に世の中は変化した。激変した。それはそう、「大戦がなくなった」ということだ。それに伴い、女性が社会進出してきて、日本では言葉遣いも男のようになってきた。その変化は黙認されていて、しかも著しい。

逆に、男性の女性化は大歓迎されている。育児をし、料理を作り、野心、野望を持たない。妻を抱くのをあきらめて、AVを見る。

鬱と不安症が増えたとしたら、その大半が、役割の入れ変わったこの男女たちでしょう。ちょっと笑ってしまう。

イクメンの夫や料理が上手な夫の自慢話をSNSに投稿しても、受けないでしょう? 逆に平凡な家庭に見えるし、幸せ自慢にも見られる。

ママ友の夫が、とても仕事ができて、彼が勝手に、投稿している画像に見えるその勇ましさ頭の良さのほうが自慢になるし、自分もドキドキするでしょう? 美貌を磨きたくなるでしょう?

男たちよ。女性化していない男に、女子アナや美人女優は根こそぎ取られて、イライラしているでしょう?

日本では、たった十年で「君は女性化しなさい」と洗脳されたのだ。

だから、本当にあなたは鬱か不安症かもしれない。

だけど､男は産後鬱にはならない。「夜泣きがうるさいなあ」と思うくらいだ。そもそも、ほとんどの男は会社に出勤してしまい、仕事に熱中しているその間は子供のことは忘れられるのだ。
それも二千年以上変わっていない。

参考文献：『暴力の人類史』（スティーブン・ピンカー著／幾島幸子・塩原通緒訳、青土社）、

「行動する」とはどういうことか

最近の私のちょっとした行動力を列挙したい。

ボルダリングについては何度も書いているが、みなさんが思っているほど楽ではない。

ジムによるが五級から苦しくなってきて、今、四級に少しだけ足を入れたところだが、筋肉痛、関節痛、打撲が尽きない。ただ、一人で黙々とできるために、他人からのプレッシャーに弱い人は向いているはずだ。ジョギングも筋トレもそうだから、良いと思う。

先日から、私は「Twitter に、自分の過去の著作で絶版になっていない本から、「良い言葉を書いているな」と思う一文を載せることにした。

一度、アシスタントに頼んだことがあったが、数回やって終わり。「何を載せていいのか分からない」と言われた。それから二年くらいして、偉人の名言を載せても、私のTwitterでは響かないことが分かり、自分がその日に考えた言葉を並べていたが、「まだ絶版になっていない本の言葉を本のタイトルと一緒に載せれば、一冊でも売れるかもしれない」と、ふと思い、古い本をめくるのは恥ずかしいが頑張っている。

先日、昔の大ヒット作『一流の男、二流の男』（三笠書房）がまた重版になったのを見て、「コツコツ営業してくれてるんだな」と思い、こちらも頑張ることにしたのだった。なんと三十三刷。累計も文庫と合わせて四十万部近くになっているはずだ（最初に文庫化されて、その後単行本に新装化された珍しい本）。

英会話をこの年から習っている。

実は若い頃に英会話教室に通ったが、耳が悪い（ストレスで少し難聴になる）のと、教師が怖くてやめた。発音が悪いと何度も聞き返されて、ストレスが増し、当時はまだストレスを克服していなかったから辛くなってしまった。

先日、タイに取材に行ったときに、自分のストレスで難聴になったりすることを英語で説明することができないのはまずいと思った。病院などで。

また、ブログにも書いたが、家出をしたのか路頭に迷っている少女を夜中に見かけて、それに英語で声をかけられずに後悔したのもある。タイと言えば、すぐに売春を想像されてしまうが、そうではない状況だった。何しろ、猫を抱っこしてブツブツ言っているのだ。悲壮である。話し相手がノラ猫だけという光景だ。

太らない限りはアメリカ圏には行く気がないが、アジア各国、欧州は行く気があり、英語ができれば、トラブルにも強くなる。

今回の教師は私の知り合いで、実は英語を話せる友人は三人ほどいる。忙しい人もいるが、その人はちょうど転職を考えているときだった。忙しいがお金も欲しいようで、利害が一致した。

先日は、渋谷に一緒に行った。待ち合わせたハチ公前で英語で話しかけてくると身構えていたら、「里中先生、お疲れ様です」と言ったものだから、猛暑もあって虚ろな気分になってしまった。買い物もただのお遊びになってしまい、だけどそれぐらい慣れている人のほうが怖さはない。間違えても怒られない。

女性とデートをする。

食事だけでもいい。デートとなると、男でも汗臭いとだめだし、ファッションもそれなりにしないといけない。この原稿を書いているのは、異常気象に認定された猛暑、酷暑の時期。台風が関東から九州に移動するほどで人類滅亡も近いと思うが、だからこそ、好きな人がいたら積極的に食事だけでもすることだ。恋愛ほど人を活発にさせる感情はない。もうすぐ、戦争がなくても世界は大きなダメージを食うから、早めに動いたほうがいいでしょう。

そして、男でも綺麗な鞄、洋服、髪形……。それらをきちんとしなければいけない。そうすれば女子がデートをする前の大変さが分かるものだ。私の場合、髭を剃るのが苦手だから、とても行動力を要する。待ち合わせ場所に向かう車の中で電気カミソリを使ったこともあるほどだ。

洋服の選び方を少し教えると、安くても高くてもどちらでも良くて、ただし、街を歩いていたら同じ洋服を着ている人がいないことが絶対条件。もちろん、変わった洋服を買っても偶然、同じ服を着た男とすれ違うことがあるかもしれないが、それはそれで話のネタになる。

本を探す。

私は「こんな人物がいたのか」と知らない昔の人を探している節がある。別項で改めて触れるが、アンブローズ・ビアスを見つけたのもそうだ。ろくでもないことを書いている男だが、生き様が過激で面白い。

日本人は平凡主義じゃないですか。平凡にしていないと叩かれる。

日本をダメにした「3S」を知っていると思う。日本を腑抜けにするための、スクリーン（映画）、スポーツ、セックスだ。それにスマホが加わって、見事にそれも「S」。しかも私が以前から嘆いている「サザエさん」も「S」。子供の頃からうんざりするほど見せられてきた。スポーツ（プロ野球）とサザエさんを。

プロ野球は、落合博満が活躍していた頃は、本当に彼が「プロ」「勝負師」らしくて食い入るように見ていたが、基本的にCS放送やBS放送がなかった時代だから、巨人戦が中心。落合は後年、巨人に移籍したが、その頃まではよく見ていたかもしれない。

話が逸《そ》れてしまったが、日本人らしくない昔の人が書いた本を探すのが好きで、書店をよく歩き回っている。私自身には自己啓発など必要なくて、ただ、大作家や哲学者が、奇妙なエッセイを書いている本はとても人生の参考になる。ルソーなど、稀代の名作『人間不平等起源論』『社会契約論』よりも、みんなが、頭がおかしくなったと嘲笑している、『孤独な散歩者の夢想』のほうが私の琴線《きんせん》に触れたものだ。堕ちていきながらも、向上（魂の浄化か心の中の悪徳の駆除）しようと懸命な彼を見ていて、「やる気がないのに向上心があるって変わった男だなあ」

と苦笑してしまった。そんな変人が、あなたたちはきっと嫌いだろうし、軽蔑するだろうが、私に言わせれば、この世の最大の悪はヒトラーのような人間。次に平凡主義、事なかれ主義の人間。メルマガに書いたが、カフェで怒鳴り合っている親子を注意しない連中だ。「8050問題」みたいな親子がずっと怒鳴り合っていて、誰も注意しなかった。店内の人たちも困っていたから、私が「ケンカなら家でやれ」と二人の間に顔を入れて止めた。

最も偉いのは、人も殺さず、でも社会や敵と戦い、作品や優秀な実績を残したこの世に二人といない人間である。

それから私は積極的に乗り物に乗ることにした。

車はもちろん、飛行機、新幹線。地元から動かない人は多い。無駄に移動してお金を浪費するのは良くないが、きちんとした目的があればどんどんと動くべきだ。

この執筆が終わったら、私は九州かマカオに行く予定がある。前者は女性に呼ばれていて、後者は男に呼ばれている。

第三章
自分を変える行動力

◆本気で思い続けなければ奇跡は起きない

「大金を引き寄せる」

「幸運を引き寄せる」

「美女を引き寄せる」

いろいろな引き寄せの法則があるらしい。

まず、言っておく、

そんなことは迷信だ。

もう一つ言っておく。

奇跡を起こすこともできる。

秘密のノートに「こんなことを実現させたい」と、「手書き」で本気で、真面目に書いておけばそれは実現できる。

真面目とは、無謀なことは書かないという意味だ。

「ジャンボ宝くじの一等を当てる」

無理でしょう。

でも当たっている人がいて、それも複数回当てている猛者《もさ》もいるものだ。その人間たちは、大金を引き寄せているのだが、それは、

●何十年も宝くじの一等が当たると信じ込んでいる。

●買ったのを忘れるほど何も考えていない。

このどちらかだ。年末にジャンボ宝くじを買い、正月まで祈り続けても当たらないのだ。

あなたが、十二歳くらいから四十歳の現在までずっと「宝くじは必ず当たる」と毎日、信じて疑わずにいた。そしてある日、宝くじ売り場の前を通ったら、「お、そろそ

ろ当たりそうだ」と感じ、微笑みながらたまたま持っていた一万円で宝くじを買う。それが当たるのである。

買ったことを忘却《ぼうきゃく》してしまう人もよく当たる。

買った瞬間に「当たるぞ」とニヤリと笑い、なのに家に帰ってどこかにしまったら忘れてしまう。二月くらいになって、「あ、年末ジャンボを見てなかった」と思い出して、番号を調べたらなんと的中である。

この人は、無意識の中に、「どうせ宝くじなんか当たらない」という意識がなくて、買った瞬間だけの「当たるぞ」という強い意識がお金を呼び込むのだ。

しかし、それは離れ業に過ぎない。買ったことを忘れている人でも、「今まで当たってないから、宝くじなんか当たるはずはない」と無意識に思っていることがあるものだ。

表面にある意識。内面にある無意識。この両者が合致し、強いパワーを生んだときに、初めて人は自分の夢、願望を叶えることができる。

脳が、あなたを神にするのだ。

しかし、それには最低十年は、その願望を信じて唱えていないといけない。それほど、長い修行が必要なのである。しかし、好きなものに対しては修行という言葉は適当ではなく、

好きなものを好きだと思い続けることは十年くらいは簡単と言える。

もし、途中、一週間でもそれを嫌いになったり疑ったりしたら、もう引き寄せる力は弱まるもので、宗教的な心理と言える。

「主義」という言葉がある。

主義を絶対に変えない人は多く、同士を引き寄せるではないか。私は唯美《ゆいび》主義だが、「唯美主義」という言葉を知らなかった少年時代、そう、十二歳くらいからずっと、「女の子の肌は美しい」と大絶賛していたのだ。

俳優の沖雅也さんが自殺したときにも「若さは美しさだから、老いるのは怖いよな」と悟っていた。彼も遺言の中でそう言っていた。その頃、私は高校生だった。希代の

唯美主義者、オスカー・ワイルドをまだ知らなかったのに、完全に彼と同じ主義、考え方である。

五十歳になっても一度たりともその主義、考え方を変えたことはなく、引き寄せる引き寄せる、若い女子を（笑）。付き合う付き合わないは関係なく、タイでも、偶然若い女子の裸に遭遇した。ビーチで座っていると、Tバックの水着の女性が、お尻を見せるようにして私の横を歩いていく。日本でも車に乗っていて停車すると、女子小学生、中学生、高校生のグループが寄ってくる。別に、何をするわけでもない。反対側の道が暑かったとか臭かったとかで。

昔、通勤していた頃に、私を待っている女子中学生たちがいた。私が毎朝通る道で。当時は私も若かったが、それでも三十歳くらいである。公園に行っても、渋谷の109でガールフレンドを待っていても、声をかけてくるのはあちらで、私はナンパはしていない。

先日、熊本講演の翌日に阿蘇神社の近くでもそのような現象が起こり、案内をしてくれていた男が怒り出したものだ。

「なんでこっちはくそババアばかりで、里中さんはそんな良い思いをするんだ！　運

転してたのは俺だ」〈発言のまま（笑）〉

「それは……十二歳の頃から彼女たちを美しいと思っているから、向こうが見せてくれるんだよ」

と、私は苦笑い。

今の私はもう五十歳を過ぎたから、女性が三十五歳くらいでも十分に若い女子で、彼女たちを含めると、毎日、何らかのものを見せてくれる。肌の一部か笑顔だ（未成年との付き合いはありません）。

一方で、私はお金にはあまり執着しなかった時期が何年もあった。

「お金持ちになりたい」

と思った期間が、五年間あったとしても、「お金よりも愛」と考えた期間が十年以上ということだ。

そのせいか、お金に無頓着《むとんちゃく》になって失敗することが多い。正直、お金がないと美少女も若い人妻も口説けないのだが（そんなことをしてはいけません）、女性にしてもお金にしても、引き寄せるには相手からの引き寄せも必要で、お金持ちが私のような男が好きで投資してくれるとか、お金を稼ぎたくて稼ぎたくてそれを十年以上、妄想していた人間が私に近寄って来ないとだめなのである。

オチが見えてきたと思う。


あなたにも奇跡は起こることがあるが、それは、あなたが欲しがっていた相手があなたに近寄って来たときだ。


奇跡的な美少女アイドルがオタクとセックスをするのは、アイドルのほうが幼稚園児くらいのときからオタクが好きだからだ。金持ちと付き合うのは、昔で言う不良の男、無頼派をそのアイドルや女優が子供の頃から好きで、自分も彼らに抱かれて背徳や不道徳、快楽の仲間入りをしたい願望がひどく強いからだ。

すなわち、すべての奇跡は、平凡な人間よりも、変わった人間、特別な職業の人間に起こるもので、有名アイドル、女子アナ、女優をものにしたいなら派手にお金を稼ぐだけではなく、派手にセックスをしていることを晒《さら》したほうがいい場合が多い。

ただ、一時の快楽に終わることが多いから、大声で勧められない。

私は今、引き寄せの話をしているのである。

事例は派手なほうがいいと思い、私の経験も語ったが、私は美肌が好きなだけで、電車の向かいの席に座っている膝に痣《あざ》がある女子高生にときめいたことはない。「よく転ぶんだ」と言って、身体中に痣がある女子も好きではない。

美肌で体毛が薄ければ年齢は関係なくて、ずっと抱ける。

◆人間は鏡があるのに自分を見ることができない

人は考え方を変えなければ行動しない。

たったひと言の「逆説」が私は嫌いだが、それなりに長文で説得力のある逆説を語る者は行動力があるものだ。

たったひと言、流行や大騒ぎしている出来事の「反対」の意見を言えば目立つが、本人はいい気になっているだけで、頭も体も使っていない。だから嫌いだが、相手を説得するには行動してその現場を見てこないといけないのだ。

前置きはこれくらいにして、あなたにはネガティブな考え方があるとして、例えば、「僕は一生、結婚できない」だとして、その考え方を変える方法は、行動すればいいということだ。まさに冒頭の一文の逆説。

「僕は結婚できない」という思考は、結婚できない女性ばかり好きになって、一部の女性としか会っていなくて、部屋で悶々と考え込んでいるからだ。日本中の女性を見てくれれば、「僕と結婚できる女もいるんだ」と分かって、考え方が変わる。

では、もう一つ問題を出すとして、「結婚制度」って何？

くだらないと思わないか。

私は若い頃からずっとそう考えて、人類の歴史書にも手を出した。

日本中の女子たちが「結婚したい」と口にしていて、まさに逆説的に「結婚制度はおかしい」と思っているわけだ。ひと言の逆説ではなくて、きちんと語れる。

種族保存のために結婚は必要ない。どんどん妊娠させればいいのだ。貴族のような人たちが、自分たちの偉い血を残していきたいなら、彼らだけが結婚制度を維持していればよくて、庶民には関係ないし、サッカーのクリスティアーノ・ロナウドのように、まるで結婚制度に興味を示さない地位の高い人間もいる。

ところが、結婚制度は超貧乏な庶民から天皇家までもそこだけ平等のように強制されていて（精神的に）、特に、結婚できない女性は恥ずかしい思いをしながら一生を生きていかなければいけない。

せっかく愛し合ったカップルが、結婚するしないで揉めて別れたとして、では結婚は本物の愛なのか、その証しなのか疑問が生じる。結婚しないと「愛し合ってないのね」と言われたとして、しかし、結婚はシステムなのだから、システムを計りにされて愛し合っているかどうか決められては癪《しゃく》に障る。……と私は若い頃から思っていたが、私も結婚のシステムに大いに振り回されてきた。結婚するしないで何度も愛を失った男だ。

ここまでしっかり「結婚の制度は世の中の害悪」と語って初めて、私の中では「この逆説はＯＫ」ということになる。そして経験（行動）も積んできたという意味だ。

あなたが何もかも上手くいかないとしよう。それは私のように極端な考え方があるからで、なのに説得力がないのだ。

さらに言うと、醜いのである。

さすがに美少女（女子中学生から二十歳くらいとする）でも政治を語ったら終わりだが、美人は本当に得をしていて、多少、世間には受け入れてもらえない思想を口にしても生きていける。ここでの「美人」は男女両方のことだ。

しかし、あなたがイケメンでもなく、美女でもないとして、右寄りの政治を語ったら右翼の異性としか友達になれないし、リベラルな呟きばかり投稿していたら世の中に迎合していると思われて、インパクトはない。ポエムのような詩をTwitterやFacebookに投稿して人気を得ていられるのも美女だけだ。美女じゃなければ「頭がおかしい」と思われるだけで、もう一度、その女性の投稿を見る人はいない。


「人間は鏡があるのに自分を見ることができない。なんて不思議な生き物だ」


と私は思う。

考え方を変える基本は、まず自分が何者か、と鏡を見ることだ。

ルックスやスタイルがいいか悪いか、まずはそこからだ。

フェラーリに乗っている醜いおっさんのお金持ちは、高級住宅街を走る「国道246号線」で自分を見てもらっていると思うかもしれないが、見られているのはフェラーリだ。しかし、そのフェラーリにイケメンが乗っていたら、通行人は両方を見る。

あなたが美人でなければ、まずは常識的な考え方をする人生に転換しないといけないし、まさに悪目立ちしてはいけないのだ。

あなたたちは太った醜いおじさんのお金持ちの顔を見ているのか。そのおじさんのお金持ちの持っているものを見ているでしょう?

自分の醜さを隠すため、その劣等感がある人生を豪遊自慢で過ごすのは楽しいのかもしれないが、とりあえず、今のあなたには「一緒にモルディヴに行かないか」とキャバ嬢を口説くお金もなければ、モルディヴが似合う肉体もない。

そこを考えて、考え方を変えていくのが基本なんだ。

自分が美人でなければ、まずは極端な考え方を改めて常識的に行動することを勧める。愛と財産の両方を手にできる成功者などほとんどが美人だ。男の場合は天才なら、見た目が良くなくても愛と財産の両方を手にすることが可能だが、あなたは天才ではない。

天才で見た目が良くないと書いたが、天才は美男子でなくても、面構えが良いのだ。

※本項での「美人」は美しい男女両者を指す。

十年後、今と同じ自分でいいのか

今の自分に不満があって、しかし、不満な生活を続けている人は、例えば三十歳だとしたら四十歳の自分がどうなっているか、五十歳の人は六十歳の自分がどうなっているか想像して、今の自分の行動が「正しい道」か考えるべきだ。

今の自分に大満足をしているなら、家で寝ていてもいいし、恋人もいないまま、趣味と活動をしていてもいいでしょう。趣味と活動と書いたが、ここでの「活動」とは、政治活動や思想の主張のことだ。お金になっていない活動をしている人は多くて、その人たちは実は、不満でいっぱいである。

「恋人ができない」
「お金がない」
「周りと話が合わない」
「職場が嫌い」

「日本が嫌いだ」

それら誰でもあるのだが、そこで大好きな趣味があって、それに没頭できて、しかもその趣味が十年後に進化していたなら、言うことがない。またはストレスの解消になっていてもいいんだ。職場が大嫌いで、だけど無責任に辞められなくて、趣味に没頭している人は多い。恐らくその趣味がないと自殺してしまうだろうからそれはいい。活動が趣味な場合もあるが、あまりストレス解消にはならないと思っている。


しかし、その趣味や活動が十年後のあなたを救っているか、十年後のあなたを進化させているか、少しばかり考えてほしい。


あなたには寿命がある。

健康診断に行ったら「末期がんです」と言われるかもしれないが、そのときに、その没頭している活動や趣味はあなたを救うのか。

実は救うのだ。反対に、十年後の自分を救ってはくれない。

分かるだろうか。

健康で長生きすればするほど、人は「あのときこうしていれば良かった」と、つまり後悔して、苛立ってしまう。


「こんなことはしていなければ良かった」

「もっと恋愛を積極的にすれば良かった」

「体を鍛えておけば、こんなに老けなかった」

「若い頃、ミニスカートを履いていれば良かった」

「あの趣味は無駄だった。あんなにお金を使わなければ良かった」

「徒労だった。この国は変わらない」

など、長生きすればするほど絶望的になってくる。


私のボルダリングの趣味は、努力すれば、楽しいなりにレベルアップしていき、三級になれば岩場に挑戦もできる。そのつもりはないが、優しい友人には岩場に誘われている。

「このまま順調に行けば、俺がトム・クルーズの映画みたいに岩を登るのか。すごい進化だ」

と苦笑いしている。

そんな私にも躊躇していることはたくさんあって、九州に友人が多いから、「賃貸マンションを福岡に借りるか」と考えていて、しかしなかなか行動には移せない。福岡のほうが仕事が多いからというなら躊躇しないが、「友人が多いから」とは、快楽指向で、「若い頃にそれをやっていたが、結果は散々だった」と思い起こすのだ。

昔、同級生がいっぱい住んでいた千葉県の松戸市に引っ越したが、今、その友達は一人も残っていない。あるいは好きな女性がいる場所にマンションを借りて、一緒に住んだりしたが、その女性は今はいない。

以前の本に書いたが、結局、仕事が円滑に回る場所にいるのが妥当だという結論だ。ただし、私の本の売り上げを地区別で見ると九州でいちばん売れていて、アシスタントにいろいろとリサーチを頼んでいるところだ。友人もいるが、本も売れているということだ。

「福岡にいたほうが十年後に、成功しているかもしれない」

と考えている。

そこで、みなさんにもう一点、考えてほしいことがある。

自分にとっての成功とは何か。

私の話をリアルにしていくと、私にとっての成功は、今は肉体を鍛えることだから、そうボルダリングが最優先なのだ。最近、通っているジムは快適で友人もできた。それを突然やめて、福岡のボルダリングジムを探すのは正直に言うと辛い。

そもそも友人が九州に多いと言っても、地方の割にはメールが来るのが九州からばかりだからそう感じたのかもしれない。北海道からは一通も来ないのだが、友達がいないわけではなくて、単に県民性の差かもしれない。慎重に数えたら、東京と埼玉に友達が多いことも分かった。

観たい舞台やイベントは東京に集中していて当たり前で、答えは、「拠点は東京。福岡は別宅」ということに落ち着く。アシスタントの調査次第では逆になるかもしれないが、福岡だけに住むことはないだろう。十年後にどうなっているか考えたら、「恐らく、トム・クルーズみたいにはなれていなくて、一緒に岩場を登りたいと言ってくれた友人とも私がそのレベルになれずに一緒に岩場にも行けていなくて、観たい舞台は見逃して、飛行機のキャンセルなどで右往左往する日々になる」と、思慮深く考えた。

飛行機はとても速く、遠くの土地に運んでくれるが、早割で取るとキャンセルができなくて、シーズンの良い時間帯はすぐに満席。料金も倍になる。夏休みに、仕事で福岡と東京を行ったり来たりするのは結構なストレスだ。


私は十年後に、トム・クルーズのように老けていない自分になることを目指しているのである。それが最優先だ。二番目以降に、仕事の成功と知識を増やすことや美女とのデートなどがあって、さあ、あなたはどうか。あなたが今、没頭している何かは、あなたの十年後を劇的に変化させていたり、進化させているか。

威張って言うと、私は進化している。衰えていた体はボルダリングで回復。すでに腹筋は割れている。腕の筋肉も完全に四十代の頃と同じに復活した。後は体重だけだ。何しろ太らないスポーツ。脂肪を燃焼してしまうから、どこかで休養しないと太らないだろうな。

先日、東京医科大学で女性の受験者を減点した不正が発覚した。それはとんでもない行為だが、その直後から、「女性差別反対」の活動家たちが、医大の前で騒いでいた。あの人たちは、不満があると思う。常に。社会に対する不満、その他。

その活動は日々、何かしら行われていて、YouTube に動画を作ったり、国会を食い入るように見て、あら探しをしたりしているものだ。

それで彼ら彼女らは十年後に、進化しているのだろうか。彼ら彼女らが望むユートピアが十年で実現するのだろうか。ユートピアが実現したらしたで、本人たちに何の幸せが訪れるのか。

活動家でお金のない人たちに話を聞いても、明確な答えなどなく、逆に愚痴しか出てこない。活動を続けて著名な作家になって、ノーベル平和賞か文学賞を十年後に取ることを目指しているのなら理解できるが、文章の勉強をしている様子もない。

彼ら彼女らが、医師から「あなたの余命は三カ月」と宣告されたら、その活動に最後まで依存し、満足しながら死んでいける。だが、逆に「超健康です。八十歳までは生きます」と言われたときに、十年後、二十年後の自分を想像してみるといいでしょう。

進化していなかったらどうしようか。

と。

活動家の批判ではない。趣味に没頭している人たちも同様だ。

死ぬ気で自分を変えようとしているか

私は五十歳まではスリムでほど良く筋肉が付いていて、顔の張りも抜群に良くて、若く見られた。冗談ではなく、当時小学六年生の息子の背が高かったため、しっかり見ない人に「兄弟ですか」と言われたこともあった。

ところが、五十歳で腸の手術をして（大腸がんになった。とても軽度のものです）、スリム体型はただのミイラに。術後、一回脱水になったせいだろうか。体重は一時十一キロも減った。顔の張りもなくなり、どす黒い病的な顔色になった。「シャネルか何かに女性用のアンチエイジングのフェイスローションはないのか」と探そうと思ったほどだ。

あくまでも見た目の話に終始するが、ここで私が「変えたい」と強固に決意したのは、「見た目」だ。

「何とか元に戻そう。そのためには何をするべきか。お腹の手術をしたから暴食はできない。激しい運動の許可が下りたら死ぬ気でやるしかない。このままでは夏の海にも行けない」

最初は軽くゴルフを再開したが、ゴルフで筋肉は付かない。筋トレと併用しないとだめだが、筋トレは退屈で、最近の筋トレブームも嫌いだ。書店に行くと、「筋トレで成功」のような棚があって、「筋トレ本」が平積みされている。

そもそもゴールドジムなどに行くと、黒人のまさにロメル・ルカク（サッカーベルギー代表の選手）みたいな男がいて怖い。彼ら筋肉オタクが横に座ったときのストレスは半端がない。こちらが十五キロくらいの器具を動かしている横で、彼らは七十キロとかを動かしているものだ。

私が、自分の見た目を元の格好良い自分に戻したかったのは、女子ウケを狙ったことで否定はしないが、私には息子がいて、宝物のようにかわいい奴で、常に彼が私のフォローをしてくれている。

遊ぶのが好きな彼に、「何か変わったスポーツをしないか。サバイバルゲームかボルダリングか……」と提案したら、「したい！」とやる気満々。彼は卓球部でもともと水泳も習っていたから、スポーツ万能。体を動かしたくて仕方ないのだ。

サバイバルゲームは「子供不可」が多かったから、ボルダリングのジムに二人で行った。すると、女子や子供や初心者がいつもいて、超上級者でも筋骨隆々のおっさんは稀にしかいない。みんなほど良く筋肉がついていて、

「だから女子でもできるスポーツなのか」

と分かった（とは言え、手荒れがするから、それが気になる女子は遊ぶ程度にしておいてください）。

息子が一緒に行けない日は、友人たちと一緒に行くようになり、すぐに五級までになった。そして、本格的にやるために、駐車場が無料のジムを探し、そちらに移動。リードクライミングほどではないが、割と高さがあるジムで、五級からなかなか四級に上がれなかったが、一つ年上の友人が「この年で三級を制覇するのは無理。四級から三級の簡単なものくらいが限界だろう」と苦笑いしていた。

彼は四級で、昔からボルダリングを習っていた。彼は口にしなかったが、「ましてや里中さんは、お腹の手術をしたんですよ」というニュアンスだったかもしれない。

半年に一回（今は一年に一回になった）の内視鏡の検診で、「よくくっ付いてますよ。

再発もしてません」と医師から言われるが、お腹の映像をモニターで見ていたら、腸と腸を繋げた痕があって、「こんな体でクライミングなんかしていいのか」と苦笑いしている。

担当医が「いいよ」と言っているからやっているのだが、冷静に考えて、スポーツ選手ががんや大きな手術をして復帰してまた活躍することはあまりない。プロレスラーがよくがんになるが、復帰してきたらシングルマッチはやらず、タッグでしか出てこないか、すぐに引退してしまう。

私の場合はプロのクライマーではないから、素人の範囲で「三級くらいにはなる」と決めているが、三級になると、ホールドからホールドに飛びついて手で掴まないといけないルートも出てくるから、この年齢では無理だろう。

無理だが、秘密のノートに「三級か二級になる」と書いてある。

すでに肘が慢性的に痛くて、この執筆も辛い。

一度大病で失った体力は当然、元には戻らず、ボルダリングの当日、トラブルなどで少しでも食事を減らすと、翌日は「過労死するかもしれない」というほど疲労して、スポーツウォッチを緊急で買ったほどだ。常に脈拍と血圧を測るランニングなどに使う計測機器で腕時計のようになっている。

ある日、早朝にジムに行ったら誰もおらず、約束していた友人はやはり肩痛で急遽来れなくなって、一人で三時間やった。血圧を見たら、上が百六十まで跳ね上がっていたから帰ろうとしたら、顔見知りの人がニコニコ笑いながらやって来た。「やあ、一緒にやりましょう」

呆然。

断ることができずに、さらに一時間練習していたら、吐き気がしてトイレに駆け込んだ。それでも一日休んだ後、また出向く。

「元の体に戻すんだ。いや、元よりももっと美しい肉体にする」


そう決めたのだ。


屈辱だった。

子供の頃から病気ばかりしていて、何かしら薬を飲んでいて、食事に気を遣い、運動もゴルフと我流でボクシング、そして軽い筋トレをしていた。「なのに、大腸がんとかふざけんな。あれは運動不足や肉の食べ過ぎが原因でなるものだろう」と激高していた。病院で「大腸がんになりやすい人のチェック十項目」の紙があって、引っかかったのが一個だけ。それが「不規則な生活」というものだった。ほかは何も引っかからない。家族、親戚に胃がんや大腸がんの人はいない。病名が分からずに亡くなった祖父母は分からないし、九十七歳まで生きた祖父が「胃がんだったかもしれない」と言っていたが、その年になったら誰でもどこかのがんになってるいもので、遺伝も考えにくい。

「因果応報《いんがおうほう》」とアンチから嗤《わら》われたが、全力で女性を守ってきたつもりだし、遊んだとしても、法に触れてない。もっと悪党はごまんといる。

そもそも、善悪の定義なんか世界中で、あからさまに適当である。

サッカー界のスター、クリスティアーノ・ロナウドに未婚の妻が三人いて、そのうち二人は姿すら見せないなんて、通常ではただの女たらし。富豪の何でもあり、なのに大スターである。

同じようなことをマレーシアでやった富豪がいて、すでに妻が二人いるが、三人目が十一歳だったせいで「鬼畜」と言われている。だが宗教上ＯＫだったらしく、子供とその親が貧困に窮していたとしたら複雑な事情があったかもしれない。

もっとも、さすがに十一歳は自分の意思が薄弱だからだめだと思うが、ロナウドの相手は成人女性で、ただ、それで世界が認めているというのも怪しいものだ。ロナウドのようなイケメンではなく経済界の醜い男だったら、袋叩きのような気がする。

この人間たちの「偽善主義」にうんざりしている私は、

「楽しいことがないなら死んでもいい」

と思っている。

今は、楽しくなるために自分の楽しくない肉体を変える。

ボルダリングは楽しいし、美しい女性も一緒にやってくれる。

しかし、この痩せ過ぎた体は鏡で見ていて、楽しくない。だからこのままなら死んでもいいのだ。それくらいの決意があれば、あなたも自分の欠点を改善するべく、行動に移せる。

その醜く、軟弱で、優柔不断な欠点を、死ぬ気で変える気があるのか。

ちょこっとやって変わると思っているのか。

成功、成功とうるさいが、格好良くなるために自分を変えたらどうか。

私は、ポールスミスのスーツをオーダーメイドで買いたくて、だが、今の体型で作ると、もし、元の体に戻ったら着られなくなるから我慢している。戻らなければ、作る方も大変なほど細身になるので、そんな恥ずかしいオーダーメイドはしたくない。

自分の欠点を変える。

きっと私は羞恥心《しゅうち》が人一倍あるのだろう。

今の日本人女性がなくした精神だ。

男たちにも、きっとあまりない。女性化しているので。

最後に、ボルダリングで高さ四メートルのゴールに登っているので、何も運動していない男たちよりも、ずっと体力も筋力もある。自分で不満なだけで、私は欠点が多く、能力、知識が足りない自分がきっと嫌いなのだろう。

ただ、精神力のその強さは、世界五十億人のうちのトップ一万人の中に入っているかもしれない。

「自分は死なない」と思っていないか

男性に特化した話で進めたい。

あなたが、何かをしない理由は多くある。

若い、若くないにかかわらず年齢の問題。

「まだ若いからやらなくていい。遊んでいよう」

「もう年だからできない」

他人を見て決める心理。

「あの人もやっていないからやらない」

自分の才能を見て決める心理。

「自分はバカだからやらない」

厭世《えんせい》的に動かない男。

「社会が憎い。世の中が嫌い」

親や加害者のせいにずっ̀と̀し̀ている男。

「親に虐待されたから何もしない」

束縛されているからしない、できない心理。

「会社を辞められないし、会社にも行きたくない」

お金が足りないから動かない心理。

「失敗したら恐ろしい」

この最後のものだけ、家族のいる男は仕方ない。

ただし、正直、ここに列挙したすべてバカげている。

男性に特化した話にしたのは、「レイプされた女性」からのクレームを避けるためだ。少年時代に学校でいじめられたトラウマとかを、半永久的に口にして何もしていない男たちがいるものだ。女性の場合、特に若いうちは「トラウマ」とか「傷ついた」とかが好きだ。本当に死ぬまでそうなのかもしれないから言及したくないが、男で、子供の頃に親や同級生からぶん殴られた愚痴と怒りを毎日Twitterに投稿している奴なんか、クズだと思っている。

どうでもいいんだよ。

……と私は思って生きている。

傷なんかつかないんだよ。

と、とぼけている。

「私は傷ついた」が世界の共通概念の一つだとしよう。仮にだ。

共通概念とは、世界中の人があるものを見て、「これは●●です」と認識することで、心理学では使わない。「この人は傷ついている」とは見分けがつきにくい。

しかし、咳をしている人を見かけたら「風邪をひいている」と思うように、「トラウマがある」と深刻に言っている人を見たら、「傷ついたんだな」と皆、思うかもしれない。だったら、逆に当たり前とも言える。当たり前なら、「よくあること」と考え方を変えることもできる。私は、
鬱病なんか存在しない。

と、勝手に確信している。

だから、何度孤独になってもボルダリングもできるし、タイへ視察にも行けるし、女子の手を力強く引くこともできる。


若い頃、新幹線に乗れなかった。

それはパニック障害らしい。では飛行機に乗れない人との違いは？

同じく怖いから乗れないのだ。新幹線が新横浜から名古屋まで途中で止まらないからだ。新幹線に乗れない人はパニック障害で、飛行機が怖いと言っている人は笑い話

にされるということを考えても、パニック障害なんか曖昧《あいまい》なものだと分かる。

適当な診察だ。

それらは自分で勉強したから克服してきたが、緊急事態では、トイレに行って自分の頬をぶん殴って、彼女のいる席に戻ってきて、また雑談を楽しんでいた。当時、薬がなかったのだ。

「今は薬に頼っているじゃないか」って？

酒でもいいし、いちばん高いユンケルでも治るし、女性の色気でも治る。

今も右耳が痛いが、誰も部屋にいないし、左耳で音楽は聞こえているから、何も辛いことはない。心因性突発性難聴だが、「だから何？」と思っている。ピンク・フロイドの『ザ・ウォール』がＢＯＳＥのスピーカーから流れている。心地良い。ふとテレビをつけて、野球を観てみたら、石原さとみさんが始球式をやっていた。いやあ、美しい。

そう言えば、朝ドラのヒロインも耳が片方聞こえないじゃないか。前半だけ見ていたが、とても元気に快活に生きている。

この心因性突発性難聴、そのうちに治るでしょう。すると、違う痛みが体のどこかに出てくる。非常に楽しみにしている。動けなくなるのはごめんだが、痛い、頭が重いくらいはちょうど良い。

それらが気になるほうが利発でいられると思っている。

そして、

人は必ず死ぬ。あなたが何かの理由を付けて、何もやらないとそのまま人生は終わる。

まさか今は自分は死なないと思っているのではないか。もしそうなら、それを「ナルシシズム」と言うのだ。誰でも知っているこの言葉、「ナルシスト」とは、実は「僕だけは死なない」という心理によく使われる。日本人は特にナルシシズムが強い。

平和だからだ。

長寿大国だからだ。

集団で行動するからだ。

島国で移民もいなくて、餓えた子供たちのことにも無関心だからだ。

ある日、私は、中学生の息子に、アフリカやカンボジアの飢餓に苦しむ子供たちの写真を見せた。その後、「8050問題」の動画を見せた。

「僕、死にたくない」

と動画の中の彼は言っていた。母親が死んだら、もう生きていけないと、五十歳になる息子が言っているのだ。

私の息子は、ぽかんとしていた。

別項で、カフェで、そんな親子がケンカをしているのを私が注意をした話を書いたが、実は、生活費の問題を口論していた。息子はニートだった。怒りは抑え気味だったとは言え、タイから帰国したばかりの私は結構な怒気を見せたようだ。店内が凍てついた。

タイでは、少女が夜の道端で呆然としていたのだ。食べ物かお金がなくて。子猫とお喋りをしていた。夜の道端で。十二歳か十六歳かも分からない。体が細くて。狂犬病の予防接種はしているのだろうか。野良犬（実際は飼い犬が放し飼い）がウロウロしている夜の貧困地域だ。あなたは狂犬病が致死率九十九パーセントなのを知っているか。

この話が極論で、現実味がないと言うなら、それがまさに日本人の甘えだ。親にずっと養ってもらっていて、仕事もしたことがないニートの息子の寿命が尽きるのは親が死んだときだ。

なぜ、死にたくないのか。

だらだら寝ていたいらしいが、それが楽しいのか。そうだった。ニートの息子はTwitterかブログで「楽しい」と言っていた。そんなSNSの投稿が許されているのが不思議だ。差別用語よりも、汚いのではないか。卑小ではないか。親や税金で暮らしているのを自慢している投稿が、なぜ許されるのか。

「働きたくないよー。死にたくないよー」

がなぜ、救済の対象なのか。

人権？　では、

頑張っている人たちの人権はどこに行ったのか。

人、それぞれに寿命がある。

病死だけが寿命が尽きるときだと思っている人間がごまんといるが、そうではない。

戦争が始まれば、死因はほとんどが戦死になる。高齢のドライバーの逆走などを許している日本では、それに轢《ひ》かれて死ぬことも寿命の終わりになりつつある。国家が決定する「こうして死になさい」という暗黙の処刑があって、日本なら、高齢者ドライバーの放置、学校が猛暑対策をしないこと、地震対策も巨大地震が起きたときだけ。たぶん、津波も。

お酒の飲み過ぎも、アメリカから強制された「早く死んでください」の文化だ。

日本という国は、偽善大国で、猛暑で子供たちがバタバタ倒れていっても無反省で、必死になる様子もなく、「8050問題」や「ＬＧＢＴ問題」を頑張っているが、それにも理由がある。

長引く社会問題は金になる。

選挙にも響く。

逆に猛暑は夏だけだ。秋になったら、みんな忘れてくれる。巨大地震もたまにあるだけだ。二年くらい巨大地震がなければ忘れてくれるから、ブロック塀もチェックしない。もう福島第一原発の話題は選挙と無関係になっている。高齢者ドライバーが登下校中の児童の列に突っ込むのを防ぐために、税金を使うことができなくて、話題を別のことにすり替える。高齢者を軽視すると選挙に負けるからである。

話をテーマに戻そう。

やりたいことがない。できない。それはあなたが、「死なない」と思っているからだ。

明日、死ぬことが決定していて、だけど健康だったら、やりたいことが見つかるはずだ。違うか。

あなたたちは、自分に寿命があることを分かっていなくて、それを分かっていたとしても、九十歳まで生きると勘違いをしている。

やる気が出ない奴に、社会の闇をお教えしよう。

なぜ、飢餓で苦しむ子供たちに与える水や食料がなくて、家畜に与える大量の水と

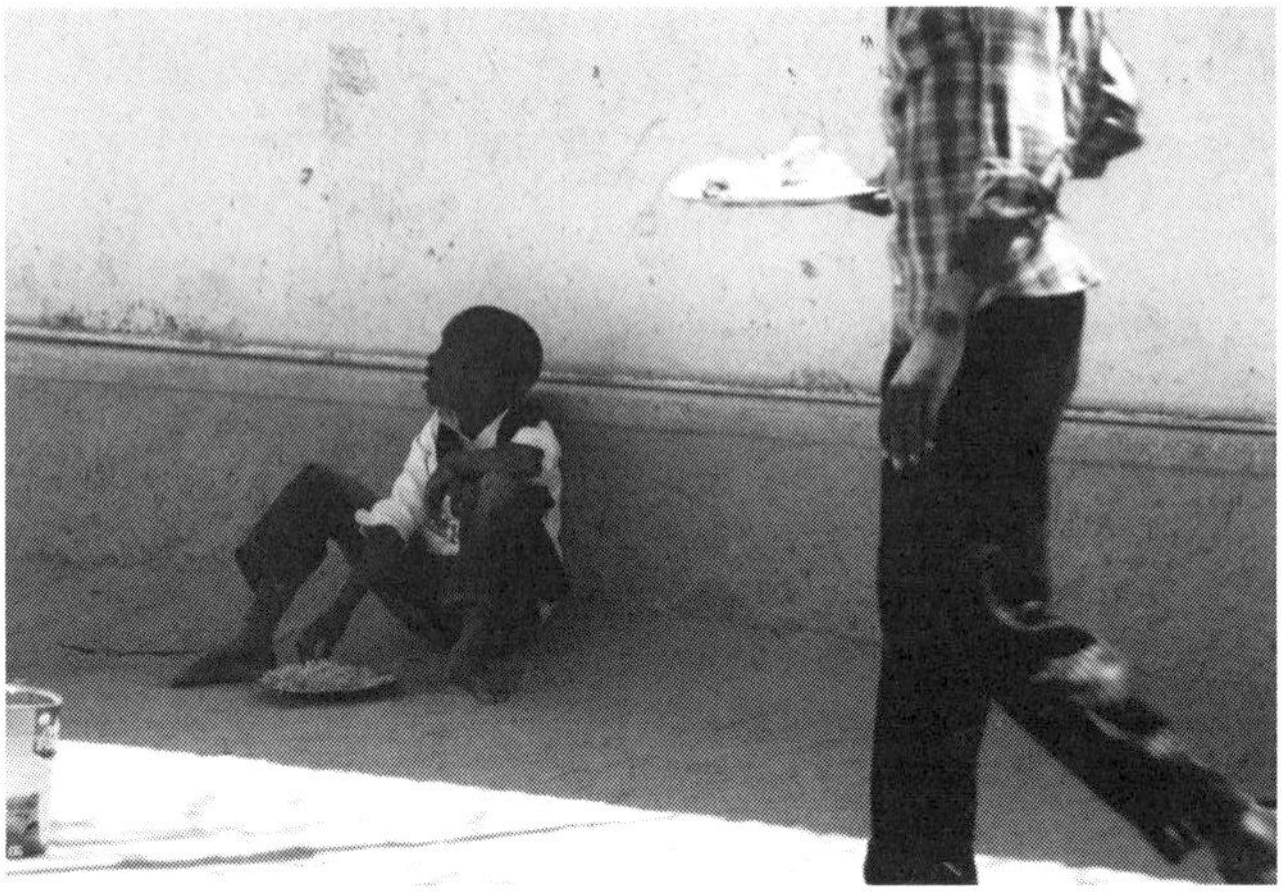

Feed My Starving Children (FMSC)

餌が作られているのか。その家畜は広大な農場の近くで殺された後、どこに行くのか。

食べ物がない子供たちのすぐ近くに、家畜農場がある場合もある。中国なら養鶏場もそうだろう。そこで解体された肉を誰かが焼いて、近くの子供たちに与えることはなく、ある国の人間たちの腹の中に直行する。

アメリカのデブたちの腹の中だ。
日本のニートたちの腹の中だ。
ジャンクフードの中にその肉が入っている。

そして彼らは言うのだ。

Cliff

「死にたくないよ」
と。

あなた、少しは怒ってみたまえ。悔しくないのか。自分が不甲斐なくないのか。誰一人、助けることもできずに終わる男の人生か。

男に特化した話だ。
おまえ、それでも男か。

適切な目標と目的が行動力を生み出す

世界を変えるほどの目的ではなくていい。

例えばこんな人がいたとしよう。アフリカの飢餓を救うために、半永久的に食品を腐らせない体に優しい酸化防止剤を作った。ナチュラル添加物でレモンから抽出。レモンを作る工場もアフリカだけに建てて、余分な量は栽培しない。極力自然破壊をしないプロジェクトも実行。

どこかにいそうな気がするが、あなたも私もとりあえずは、目の前の生活が大事で、日本では食べていくだけではなく、日本人としてのまともな生き方がある。

何がまともか？

事例を挙げると、日本では入れ墨は嫌われる。サッカーワールドカップを見ていたら、ほとんどの外国人選手が全身にタトゥーを入れていた。私もタトゥーが格好良いと思わない。背中に蝶のタトゥーが入っている女性と会ったことがあるが、萎えてしまった。

タトゥーが取り除くのに大変だとして、ではその女子の目的は何か。タトゥーを背中に入れてはプールにも行けない。スポーツジムにも入会できないかもしれない。もし、「意味なんかない。かっこいいから。やりたかったから」と言うなら、刹那《せつな》的なその行為に、未来の目的はなかったことになる。


あなたたちが日頃、行っている行動にもあまり未来の目的はない。


目の前の料理を食べる。腹が減ったから。

そんな感じだ。

今日の仕事がある。だからそれを片付ける。

違うだろうか。

そんな刹那的な行動が、どんどん時間を潰していき、あなたはあっという間に寿命を迎える。それは、明日かもしれないのに、呑気に構えている人たちがほとんどだ。豪雨、巨大地震、テロのような殺人、暴走する車はあなたがいるコンビニに突っ込んで来る。難病に突然襲われることもある。

私は脅しているのではない。みんな、ネットのニュースをまめに見ているでしょう。まさか、芸能人のスキャンダルばかりを食い入るように見ているのか。だから、あれらの記事が売れるのか。

毎日、誰かが亡くなり、毎日、おかしな事故で誰かが死に、季節、季節に自然災害が起きる。猛暑のときおとなしくしている大地は、それが終わると揺れる。山もそう。大雪の季節は噴火せず、人が登れるようになったら噴火することが多々ある。

実は「目的」という言葉を私は打算的で好きではないが、原動力にはなるから、何か作るべきだ。あなたには少し難しいことがいいと思う。ただし、人生を窮屈にしてはいけなくて、例えば「アイドルと結婚する」とか、普通の女子と恋愛が困難になってしまって、親が「いつになったら結婚するのか。まだオタクか」とか心配してしまうだろう。

目的という言葉を作るときは、どこか打算的でそれでいて抽象的な話になってしまうものだ。

本当は、「目標」が良い言い回しだと思っている。

事例としては、

「アイドルと結婚するのが目的だけど、目標はアイドル級のルックスの女子と結婚すること」

とか、

「アフリカの子供たちを救うのが僕の人生の最大の目的だけど、目標はまずアフリカの言語を学ぶこと」

とか。

私で言えば、

「ボルダリングをしている目的は体を若い頃の筋肉質な体型に戻すことだが、目標はボルダリング三級」

というような使い方となるのだ。

どれも目の前の欲に対することではなく長期戦で、長期戦はあなたの人生を歩きやすくするものだ。まずは、目的と目標の言葉の違いから考えて、使い分けてみれば、動きやすくなるし、設定もしやすくなる。結構、日本語を正しく使うと仕事は効率よく循環してくるものだ。

部屋にこもりがちな人なら、

「最後の目的は、この鉛のように重い体を動かせるようにして、仕事で成功して結婚することだけど、今年中の目標はイベントや小旅行に行けるようにすること」

となる。

今の仕事を辞めたいなら、

「目標は二年くらい生活できる預金をすることで、目的は会社を辞めて、好きなことをすること」

となる。

あなたたちには、目的と目標が定まっていなくて、それを実行する強い信念もないのだ。

本当は、絶望や逆に強欲があなたの体を動かすのだが、日本は豊かな国で「8050問題」にしても、絶望させたままにしておけばいいのに、甘やかそうとする連中が現れる。そもそも、シリアでテロリストに拘束された邦人には「自己責任だ。死ね」と言っていて、五十歳までニートで「死にたくないよ」と言っている坊やには怒らないのだから、変わった民族としか言えない。

そんな矛盾に気づかないことをもって、あなたは「悔しいな。俺はバカだった」と唇を噛まなくてはいけないのに、それもきっとないだろう。目的がなく、動かない人間は、それがある人間たちから軽蔑されているのだが、それにも気づかない。

あなたたちは悔しくないのか。

できることをやっていても堕落していくだけ

私が今、ボルダリングをやっていることは、何度も書いている。

正直、できないことをやっている。目指しているのは、三級。三級になるとクライマーになる。本物の岩を登れる。できない理由はもちろん、始めたのが五十歳を過ぎてからで、しかも腹に穴を空ける手術をしたばかりだからだ。

お腹は綺麗で、傷の痕もない。N先生ありがとうございます。先にも書いたが、たまの内視鏡の検査で腸を見ると、繋いだ痕がはっきりと分かる。「綺麗に繋がってますねえ」なんて内視鏡の専門医が笑うが、私は内心、「こんな体で、ボルダリングをしていていいのだろうか」と背筋が震えるものだ。

現実的なことを言うと、筋力は戻った。痩せ過ぎている竹内涼真さんのような体だ(ちょうど女性誌にヌードが出ていたので)。あと、五キロで、若くない竹内涼真さんになるだろう(笑)。

しかし、スタミナは明らかになくなった。一つ年上の友人が息を切らしながら続けていても、私は限界がすぐにやってくる。座ってしまう。腕に力は残っているが、心臓は破裂しそうで、吐き気がするほど疲れてくる。

——そりゃあ、そうだ。お腹の中を切ったんだから。

と思う。別項に書いたが、大病から復活したプロレスラーは少ない。

しかし、

以前にやっていたゴルフだけでは、私は堕落していくのだ。

お爺ちゃんになっていくし、筋肉も戻らなかった。それが嫌で、だったら死んだほうがましと思った私はボルダリングを始めた。筋肉は戻った。右腕は、前よりも強くなった。

この自慢話はしつこいから、客観的な洞察に入る。

みんな、同じことをずっと続けている。しかも、レベルが低いか誰でもやっていることだ。

熊野古道《くまのこどう》で、皆地傘《みなちがさ》を作っているただ一人の高齢の職人がいる。最後の一人で、その技術を受け継ぐ若者も出てこない。今注文が殺到していて、彼一人では追い付かないそうだ。その唯一無二のレベルを続けているのは、世界的なリスペクトに値する。

多くの人がやっていることでも、あなたにとって初めての挑戦なら、それは向上心に繋がる。例えば、英会話。例えば、水泳。例えば、読む本の種類を変える。例えば、アイドルを追いかける（結構大変）。

旅行にしても、みんなが行く所とは違う観光地が多く存在する。ハワイではなく、例えば樺太。そんな場所に一緒に行く人もいないだろうから、とても気力が必要だ。私が最近出向いたタイにしても、治安が悪いし、不潔だから、女子は一緒には行きたがらない。

誰にでも限界がある。

特に、寄る年波には勝てない。

三十歳でも限界になるジャンルがある。しかし、限界の少し前の現状維持で、趣味としてそれを続けているのでは、ストレスの解消にはなっても、新しい知識、技術は得られない。ゴルフで、毎回95くらいで回っているのをずっと楽しんでいる男たちが、「それでいい。ゴルフは楽しむもの」と月に何回も行っていたら、それは趣味の弊害だと思っている。

時間を潰しているからだ。

楽しいのに、「潰している」は語弊があるかもしれないが、

楽しければ何でもいいわけではないのだ。

あなたたちの趣味の中には、環境を破壊している趣味もある。私にもある。安い肉を食っているだけで森林を伐採している。B級グルメが趣味の人も環境を破壊していると言っているのである。

大金が入れば楽しいが、それが宝くじでなければ、まぐれで入る金では必ず他人を騙しているものだ。またはあからさまに踏み台にしている。「宝くじが当たった人は不幸になる」と、しつこいくらいに言われているが、パチンコ、競馬、競艇、競輪、FXなどにのめり込んでいる人のほうが他人を傷つけていると思っている。

それらは、きっと、その依存症の人にとって「できること」なのだろう。パチンコはできること、という堕落だという意味だ。だったら、別のことに依存してみてほしい。せめて別のことに。もう少しお金がかからない楽しいことを見つけるのも、結構な勇気と知恵がいる。

そう言えば、私は読書で、読む本の種類を変えてきた。今でも好きなジャンルは書棚に残しているが、子供の頃が漫画だとして、次に読んだのがミステリー（アガサ・クリスティ）、いったんSFを読むようになって（平井和正とか）、その後で純文学、時代小説（司馬遼太郎）、二十歳から心理学（ユングとか）、そして二十代の半ばに詩集をよく読んでいて、少し前は哲学と古典。今は人類史になっている。『論語』なんて読んでいてもつまらないが、「なんとか頭に入らないか」と頑張っていたものだ。

映画は、ホラーと家族の団欒《だんらん》映画は見ない。後者はきっとずっと見ないと思うが、ホラーは、「一緒に見てくれる女性がいたら挑戦しようか」と思っている。それによって私の脳が刺激を受け、新しい能力、知力が芽生えるかもしれない。

あなたにはそれくらいの気迫と向上心がないのか。だらだらと過ごす毎日に危機感はないのか。

毎回、満足する趣味や勉強があったとしよう。仕事でもいい。

まだまだ向上したいのであれば、それはもうやるべき行動ではない。

その趣味はそれ以上の実力にはならないか、下降しているはずだ。無論、息抜きと割り切っているなら問題はないし、敢えて自分に負荷を与えるのもストレスになるから、無理強いはしない。

私の趣味の中にも、「車の運転」があって、特に建設的な部分はない。むしろ、車の性能が上がり、便利機能は増え、技術的には現状維持で良くなってしまった。それでも、真夏以外は車の中で過ごすのを癒しにしている私は、車をやめないだろう。しかし、それ以外の趣味や仕事で、自分に負荷をかけていくつもりだ。

永遠に向上するために。

私は熊野古道の皆地傘を作っているような立派な男ではないのだ。もっと勉強しないといけないと思っているし、もっといろいろなものを見て歩きたい。それらを、秘密のノートに書いてある。

「もっと将棋のイベントに行くこと」

と。

将棋が好きなのに、実際はイベントに行っていないから、指導対局もプロから受けていない。少年時代には道場で指導してもらっていたのに。

先日、以前から行きたいと思っていた「東急将棋まつり」に行ってきた。女流棋士たちが、浴衣を着ることで有名だ。唯美主義者の私から見て、花火大会の女子たちの浴衣姿とまったく違うので、それだけで刺激を受ける。

どちらもかわいらしいが、夏の浴衣姿でずっと正座をしている若い女性を見たことがありますか。

これが、新しくて違うものを見る価値があるという意味だ。

第四章

利用されない生き方

時間の無駄遣いという重大な問題

「そんな会社、辞めちまえ。好きなことをしろ」

と、よく聞く無責任な「ショート暴言」ではない。

何かに没頭、熱中していて時間の無駄遣いをしていたり、お金の無駄遣いをしている人はとても多い。先に言っておくが、「お金を使えばお金は増える」という自己啓発の名言も、ある程度お金がある人間に対する言葉であって、すでに借金がある人がそれをやると、まさに自殺ものだ。それくらい自己啓発は無責任だ。

私の話は哲学、ちょっとした心理学である。

「パチンコをやめられない人がいる」

ほんの二日間の間に二回聞いた。嘘ではない。七月二十一日と二十二日だ。後者は講演会の後の懇親会で。

その懇親会の席で私は言った。

「今日は日曜日。競馬は何のレースがあったのかな。スマホにアプリも入ってないし、全然分からないや」

「里中李生と言えば競馬の馬券の天才」と言われていた時期があった。素人だった時代から、日曜日の重賞レースを買わなかったことは、レースの直前に寝落ちしてしまったりしたときや競馬場で馬券売り場に並んでいて、発走に間に合わなかったときくらい。約三十年、欠かさず日曜日のメインレースを買っていたわけだ。

それが急に、「もうやめた。時間の無駄。つまんない。嫌い」と、それはそれは淡泊になってやめたものだ。コンビニにある競馬新聞にも目も向けないし、スマホに出てくるレース結果にも目を向けない。大負けしたわけではない。最後のほうでは、菊花賞の一着・キセキ、二着・クリンチャー、三着・ポポカテペトルを的中させている。大万馬券だ。その後、すぐにやめた。

「忖度《そんたく》ばかりでつまんない」

「ストレスになる」

「嘘をつきたくない。騎手の悪口を言いたくない」

「馬券を買うために予想する時間が無駄なくらい、オカルト」

「もう見切った。絶縁する」

その迫力に呆れたのか負けたのか、私とよく会う友人が、競馬の「け」の字も口にしないのだ。大人の友人だ。

そうして私の日曜日は、ボルダリングや美術館巡り、デートなど有意義に過ごせる時間に変わった。以前は、デートの最中に、事前に買ってあった馬券の結果が気になっていたがそれもなくなった。

私にとって、あくまでも私にとってだが、競馬とは、「どんなに善を行っても悪に変わる（ルソーの言葉）」と同じだった。

約二年間の苦悩期間を持ち、途中、偶然前述の菊花賞に助けられた。だがやはりそのときにいた場所がなんと高級ホテルで、美女を待っていた。それが快楽だと笑ったのは一瞬で、結局はその美女のために何かしても善が悪に変わっていくのがその後に分かる。

「同じことの繰り返しじゃないか」

私は一切の快楽から手を引くことはないが、一切の悪徳からは手を引きたいと、こ

こ数年考えていた。快楽の中には悪徳もあり、もちろんそれは犯罪ではなく、

時間の無駄遣いという厄介な、そして重大な問題だった。

無駄にした時間と相殺されるように、知識が増え、知能が研ぎ澄まされ、肉体が美しくなるならいいような気がする。筋トレを嫌っているが、肉体が美しくなるなら問題はない。

それにしても、約三十年間競馬にのめり込み、スキーの帰りに過労で倒れたときに、入院先の病室で医師に頭を下げて、「退院させてくれ。有馬記念なんだ」と言っていた男が、こんなにあっさりとやめることができるのだ。

パチンコを嫌いになればいいじゃないか。成果は何もないと思われる。

美しくなるのか（私にとってはこれが重要）。

大金が入るのか（競馬で大金が入ることがあってもやめた）。

健康的になるのか。

知識が得られるのか。パチンコをしながら、ルソーやニーチェやオスカー・ワイル

ドやゲーテを読むのか。

バイトのかわいい女の子とセックスが簡単にできるのか。それはどこの店だ。

競馬の馬券もそうだが、寺銭《てらせん》のような金はどこに流れていくのだ。

あなたの時間の無駄遣いが、またそう、あなたをそんな人間にした社会に還元されているのである。

あなたの愚行は常に、政治家や財界の人間、芸能人の御意見番の仕事になって、彼らは大いに贅沢をして遊び、あなたはずっとパチンコをしている。

さあ、これでも嫌いにならないのか。パチンコを。

「ほかにすることがない」そんな得体の知れない言葉は聞いたことがない。

娯楽があまりにも多過ぎて、麻痺《まひ》状態の国だ。私がパチンコの代わりにボルダリングをしているように、あなたにはもっとやれることがいっぱいあって、それはあなたを美しく改造したり、晩年のルソーのようにさらに精神を清らかにしたりすることすらできるのだ。

晩年と言っても四十歳くらいの頃のルソーだ。何やら、国外に追いやられ、戻って来たが孤独になってしまったようだ。あの名作『人間不平等起源論』を「あなたの本は、人間を四足に戻すってことでしょ」と女性から言われたそうだから、そのショックはよく分かる。

「わたしの誤謬を正し、わたしの意志を正しい道に向けるにはまだおそすぎはしない。（中略）賢明に、真実に、謙虚になり、もっとうぬぼれないようにすることを、自分の敵からさえ学びとるのはいつでも決しておそすぎることはない」
（『孤独な散歩者の夢想』〈岩波文庫〉より）

偉大な哲学者が、宗教問題で追い詰められてノイローゼになったと言われている晩年だが、これだけ冷静なら、ムキになってギャンブルをやっている人たちよりも正常だろう。それにしても、誹謗中傷《ひぼうちゅうしょう》に苦悩したら自分を正すなんて、百八十度方向転換しているとしか思えず、偉大な人間は違うし、そして嫌われるのは定番だと分かる。よく調べると、当時のルソーの書物はそれほど認められておらず、それは逃亡するほどなのだから、書物だけではなく人間としても嫌われていたのであって、「時間の無駄」「成果がなかった」と絶望したのかもしれない。

しかし、われわれとの違いは、それにすぐに気づき、ノイローゼになろうとも自分を正すために懸命に考え、また本を書いていることである。そのために知識を増やそうとし、知性的になろうとしている。

私は競馬をやめることによってそれを目指した。馬券を買っている人たちは大勢いるから、彼ら彼女らを軽蔑しているのではない。白石麻衣さんも競馬ファンなのでしょう？　美女に嫌われたくないものだ。

ただ、私の体と精神に、競馬は合わなかったのだ。それに気づくのに三十年かかった。いや、実際は気づいていたが、やめられなかった。言い訳をいっぱいしながら続けていた。

正義感が強いのか、ＪＲＡとの闘いと義務付けていたのも大きな失敗だった。勝てるはずはないのだ。マカオに行って、まぐれで億万長者になって、マフィアに殺されるようなものだ。そこそこ勝って楽しんでいればいいのに、私はＪＲＡに頭を下げさせるくらいの意志で馬券を買っていた。

「里中さん、そんなに的中を続けたら、われわれは破産します」

そんな日が来ると思っていたようだ。漫才にもならない。しかも、そこそこ勝って楽しむのにとても時間がかかった。予想の時間である。

「血統を覚えるよりも美術史を覚えたほうが楽しいし、知識として役に立つ」

と考えるようになったが、これも当たり前だ。


さて、ほかにも私は、まるで女があっさりと男に冷めるように見限ったものがたくさんある。女脳なのかと笑ってしまうほどだ。


ビール。

最近では、タイで仕方なく飲んだだけだ。タイの水が悪いからである。しかし、南国のビールはうまかったな。また飲みたくて仕方ないが、日本に帰国後、一滴も飲んでいないかもしれない。いや、タイからの帰りに関空で飲んだか。

政治。
国会も見ないし、記事もほとんど読まない。スキャンダル合戦を見ていて何になるのか。そして、誰が総理大臣になっても同じ。日本は民間が頑張っている国だ。次は女性総理でもいいよ。

成果のないものに依存していてどうなりたいのか。

ここでの成果とは、報酬のことではない。あなたの精神が向上しないことだ。その趣味嗜好への依存である。
私は、なんて強いのか。依存も難聴や死に対する不安も何もない。すべて克服している。どうでもいいと思っている。

人は必ず死ぬのだ。笑ってしまう。あなたは明日、死ぬかもしれないのだ。

なのに、パチンコをしている。

何のために生まれてきたのか。

パチンコにkissをするためか。

お酒で肝臓を壊すためか。

不安や孤独で泣き続けるためか。

だったら、草花のほうが輝いている。人間はラベンダーや向日葵《ひまわり》以下の醜い精神を持った生き物なんだ。何もかも醜いし、汚い。

タイには、ペニスの形をした石鹸が普通に売っている。女のあそこは汚いから、これで洗ってから挿入しろというジョークかその逆か知らない。男のペニスは汚いから、これでオナニーをしろと女性たちに売っている可能性もある。

そんな汚い人間が美しくなるために、愛らしくなるために、格好良くなるために生きるのが、私の信念だった。

日本では、死ぬ直前は、病院で身体中に管を入れられて、痩せこけて死んでいくのだ。

せめて、若いうちに美しくなっておきたまえ。

その精神を向上心の知性に染めてほしい。

品格のない妄想は現実化しない

みなさんは、ルノワールが描いた『イレーヌ・カーン・ダンヴェール嬢（以下、イレーヌ嬢）』という名画を知っているだろうか。「絵画史上、最強の美少女」と言われるほどの美しい肖像画で、私の憧れの絵画でもあった。

またこんな言葉を作ると、「ロリコンだ」と返ってくるのだが、その名画を観ながら、「そんな俗で頭の悪い連中を切ってきた人生だった」と、大満足しながら振り返ったものだ。

場所は、福岡県の大宰府《だざいふ》市にある九州国立博物館。東京でも開催された展覧会だったが、混雑していて観られなくて、福岡まで足を運んだ。日本に来ることは恐らくもう何十年もないだろう。「死ぬまでに見ないといけない」と思っていた。

モデルになったイレーヌ・カーン・ダンヴェール嬢はユダヤ人。この絵画が描かれた後に、第二次世界大戦が起きた。それから何が起こったか、もうお祭しになった方もいるだろう。

ヒトラーの野望は、大美術館を建設することだった。そしてユダヤ人の迫害。オスマン帝国のようにヨーロッパを支配すること。フランスにあった美術品のすべてを強《ごう》奪《だつ》したナチス。その中に、『イレーヌ嬢』の肖像画もあった。「ユダヤ人が持っている美術品に〝所有者〟はなし」と強引に強奪していった史上最大の強奪、略奪事件とも言われている。フランスにあった美術品、数万点をナチスは奪っていったのだ。

しかし、印象派が好みではなかったヒトラーらナチスの愛好家たちは、ルノワールの絵画を適当に倉庫にしまったのか、大戦後、『イレーヌ嬢』の絵画は行方不明になった。

数奇な運命はここから始まる。イレーヌは奇跡的にナチスの捕虜《ほりよ》にはされなかったが、イレーヌの娘、孫たちはアウシュビッツに送られて、戻ってきていない。あの地獄の中で命をなくしたのだろう。そしてイレーヌ自身が助かったのと同様に、戦後、七十四歳になったイレーヌの元に、この肖像画が奇跡的に戻ってきた。ところが、イレーヌはそれをすぐに手放してしまう。娘や孫たちが殺されているのに、自分の肖像画だけが戻ってきても意味がないと思ったのか、何とも哀し過ぎる経緯である。

イレーヌは決してその真意を語ることなく、この世を去り、『イレーヌ嬢』の肖像画は皮肉にも、ナチスドイツに武器を売って富豪になった男に買われて、その邸宅に置かれた。無類の印象派好きのその男の名が、エミール・ゲオルク・ビュールレ。その男の美術館（邸宅）が閉館することになって、『ビュールレ・コレクション』の一つとして日本に『イレーヌ嬢』の絵画がやってきたのだった。今後は別の美術館に移転されるようだが、今回のようにモネの大作、巨大『睡蓮』とともに陳列されるような機会はもうないかもしれない。

その日、福岡は大雨だった。福岡だけではなく、広島、四国……。そう、二〇一八年七月の「西日本豪雨」の日だった。そんなときでもFacebookでは、増水した川を背景に自撮りをしてポーズをとっている人たちがいて、彼らは「成功したい」と自己啓発を盛んに読み、自分でも語っていて、世間の悲しみ、「肝心なこと」など理解していない。

私の知り合いの若者にネットビジネスをやっている男がいる。輸入業の真面目な男で、さすがにネットの中の連中に腹を立てていた。「僕は彼らとは違う」と。

九州国立博物館でも、ある成功した男と一緒だった。

彼は美術館に行くのが好きだったから同行してもらったが、彼が「成功したければ、美術館にでも行って、自分を見つめ直せばいいのに」と失笑気味に言っていた。

来館していたのは、『イレーヌ嬢』の肖像画を見たさに集まったおばさんたちばかりだったが、うっとりとイレーヌを眺めている若い女性もいた。『イレーヌ嬢』と『睡蓮』のみ撮影可で、あるおばさんが、「ほかのは撮ったらだめなのー?」と、しつこく警備員に詰め寄ってるのを見て、「あ、Facebookの奴らと同じだ」と分かった。

「増水した川の前で自撮りしたらだめなの?」

「京都のお寺で紅葉を撮ったらだめなの?」

「僕はその写真と一緒に『思考は現実化する』とか書きたいんだ。そうしたら成功するんだ。一緒に、占いの話もして、『いいね!』をいっぱいもらってね。Facebookを制する者は世界を制するんだ」

そんな心理だろう。実際にはその一千万分の一くらいの成功を妄想して、無駄な時間を使っている。

思考は現実化する？しません。

あなたの妄想は現実化しない。品格がないからだ。たまたま実現した人が偉そうに言っているだけだ。ピカソも、似たような言葉を作っている。考えていることは実現可能だと。そりゃあそうだ。ピカソはその時代の唯一無二の天才だったのだから。何億分の一の天才だ。

『ビュールレ・コレクション』は印象派の絵画を集めたものだ。なぜ印象派の彼らは、フェルメールの『真珠の耳飾りの少女』のような写実を拒否し、あんなぼやけた絵画を描いたのか。当時、芸術文化の背景に何があったのか。それを美術館で考えていれば、成功する方法も浮かんでくる。

そして、ピカソのようにあっという間に作品を創れないあなたたちは、

じっくりと努力をしなければ成功はしない。

頭の中に「あっという間に成功する方法は考えない思考」を取り入れて、十年くらい努力すればそれなりに成功しているだろう。

Facebookを制するものは堕落する

「Facebookを制する者は世界を制するんだ。わー」

と言っている人を見かけたから、タイトルに使わせてもらった。

あなた、Facebookをやめたら成功するよ。

成功の定義がよく分からないが、「幸せ」も含むとして、女性が三十歳を過ぎてファッションよりも占いになったら、もう奇跡が起こらない限りは、結婚もできない。ファッションよりも化粧品よりも占いやスピリチュアルを発信するのが、Facebookの女子たちである。あとは自立の話か、男女平等対等のお喋りだ。

Facebookなら、ほとんどの女子は自立とおばさん化を主張して、男子なら「ネットの金儲け」を目指すか、ただの家族日記を綴《つづ》っているだけに過ぎない。まさに無料のFacebookに洗脳されて、日々、生活の日記を綴っている。

それらは何の有益な情報でもなくて、目を見張るような秘境の地でもない。よくある場所でもそこで変わったことをしているとか、富士山の頂上まで登ったとか、読み応えのある投稿なら問題はないと思うが、汚いおっさんが二人でラーメン屋に入った写真など、まさにどうでもいいのだ。

これは絶対に、フィルムだったらやらない行為で、スマホのカメラはお金がかからないから、みんな撮影し、投稿しているのである。なのにフィルムよりも時間をかけてしまっている。「フィルムのほうが現像に時間がかかるじゃないか」というのは錯覚だ。その三日間、かつての人たちは写真のことを忘れて、仕事に熱中していた。

美女なら、男たちは目の保養としてその投稿を見るだろう。美女のフォロワーが、Facebookでもインスタグラムでも無駄に多いのがその証拠だ。一方、イケメンの場合、私の知人の女子たちに聞いたところ、「有名人なら見るけど、イケメンを気取った男子の遊んでいるところは興味ない」という回答が多く見られた。

Facebookの無駄な投稿は、昭和の日記と同じ。

「今日はチキンラーメンを食べてみた。卵は上手く半熟になった」

「子供がやっと小学生になった。一緒に公園に行った」

これらは自分だけの日記で、時間もそれほど食わない。分かるだろうか。紙の日記帳で、「いいね!」を待っていることもないし、誤字があっても、びっくりして直す必要はない。写真は貼ってなくて、アルバムを作るのは当時主婦ばかりだった妻の役目。

Facebookであなたは、「今日は久しぶりの自分へのご褒美」と何かのお菓子類の写真を投稿し(あなたはペットの犬ですか)、そのお菓子の有益な情報もないその投稿に時間を費やしている。見ている人はほとんどいないか、にわかの友達で、「いいね!」が何個付くか気になって、またスマホを覗いている。そのときにほかの人の投稿にも頑張って「いいね!」を付けるが、中は読んでいない。しかし、自分は読んで、見てもらっていると錯覚しているのか、何かを期待している。

私もFacebookのアカウントを持っているが、主に仕事の紹介だけにとどめている。それも不思議な現象があって、Twitterではリツイートされるが、Facebookではされない。

Facebookで私のところに拡散されてくる記事は、ネットビジネスの男たちの記事とか迷い猫の記事で、後者は意識的に得ているからいいとして、「堀江貴文なんとか会」とかいらないし、「沖縄の米軍基地の反対運動」もいらない。

私の場合、ボルダリングに行くたびに、それをお知らせしているのはインスタグラムのほうだが、それも毎回ではない。秘密の話はまさに限定公開にしているが、それも操作ミスで教えたくない人にも教えてしまったことがある。

Twitterは日々の日記を呟くような場所だし、Facebookのような高尚なイメージはなく、アイドルとかも、ひと言、「おはよう」だけをツイートすることがある。そう、アイドルや女優さん、俳優さんらがFacebookをあまりやっていないのはなぜか。

一、文字を増やすために時間を食うから
一、効果があまりないから
一、機能が多過ぎて面倒臭いから
一、友達申請をされたり、勝手に何かのグループに入れられたりするから

これら総合して、とにかく時間の無駄使いが増えていくのだ。

違うだろうか。私は言葉遣いが奇妙な人や、「アイスクリーム、食べた」「久しぶりのラーメンだぜ」という投稿しかしない見知らぬ人たちをどんどん削除していったら、「見るべきものがほとんどない」ということに気づいた。まさに親しい友達の投稿を待っているだけだが、Facebookにいる親しい友達もわずかだ。

有益な情報はTwitterのほうにあって、それは、天気予報のリツイートもそうだし、好きな芸能人はほとんどTwitterかインスタグラムにいる。もちろん、Twitterにしてもくだらないツイートばかりだが、それを分かった上でTwitterを利用している男女がほとんどで、炎上商法もTwitterがほとんどである。

この原稿は夏に書いているが、今夏は西日本豪雨、迷走する台風十二号、タイの洞窟に閉じ込められた少年たち、サッカーワールドカップ、オウム真理教の死刑囚たちの死刑執行など、さまざまな出来事があった。これらの情報はFacebookでも流れたが、合間、合間に、「私の輝く時間、それは睡眠のちょっと前」とか「成功したければ、やっぱり筋トレ」とか意味不明の自己啓発が必ず流れてきて、有益で重要な情報はすぐにどこかに消えてしまう。

タイの洞窟の少年たちの情報は、ほとんどTwitterとGoogleニュースで私は見ていた。Facebookでは、あの類の感動的なニュースも人気がない。金にならないからだろう。


一度、スマホを閉じると、さっき見ていた記事がどこかに消えてしまうこのシステムも私にはよく理解できていない。Facebookを使いこなしている人からすると、「おまえはオヤジだから」と思うかもしれないが、読みたい友達の記事が上がったり下がったり、ずっと下に行ったままだったり、メッセージに張り付けられた画像や動画を触ったりしていたら、「いいね！」が送られてしまったり、指先の器用さも求められて、もううんざりである。「ウェーブ」とやらが突然送られてきたりするし、友達申請の長いメッセージを読まなければいけない。それにメッセージを送り返そうとしたら、その人のプロフィールに「メッセージは受け付けません」と書いてあって、どうしていいのか分からない。

そして前の本にも書いたが丁寧に返事を書くと、「里中って誰にでも返信するぜ」と、その友達の友達からまたメッセージが届いたり、一度返信すると、ずっとメッセージを連続して送ってくる知らない女子がいたりする。みんな、Facebookが特別な世界だと思い込んでいないか。

Facebookの友達は、本当に会ったことがある人たち以外は他人なんだ。赤の他人。私とあなたは会ったことがなければただの他人。私は目の前の真実だけを見る男で、目の前の女性だけを助ける正義感の塊の男で、赤の他人を無料で構っている偽善者ではない。

ほとんどの人が暇潰しのために投稿しているだけで、インスタグラムのように虚栄心もなくて、まるで、近代的な墓地のような世界になっている。綺麗に整えられた墓地。しかし、死者から生きている人たちへ声は届かない。それは大昔からそうだが、見た目が良くなって、声が届くように錯覚しているのかもしれない。

紙の日記が、スマホの中の日記に変わっただけで、基本的には書いていることは同じだ。日記帳の隠された話は、誰にも届かない。それこそが日記の価値でもあったから、「どこかで捨ててしまう」という意図もあった。女性遍歴を書いていた男などまさにそうで、五十歳を過ぎたところで捨ててしまう。庭で燃やしていても、通報されない時代に、よく見かけたものだ。庭で何かを燃やしている近所のおじさんを。
Facebookもどこかでアカウントを削除すればいいのだが、違いはそれまでに時間がかかっているということだ。あなたの貴重な一日の時間は、恐らく一年で平均して一日約一時間から二時間はFacebookに取られていて、ついでに個人情報も取られて売られている。

何もかも巨悪に使われた隷従《れいじゅう》状態の人生。

あなたたちは悔しくないのか。自分が利用されていることも、分かっていない。

アメリカでスターバックスのコーヒーカップに名前を書いて、お客さんに渡すのと同じ。お客さんは自分の名前がマジックで書かれているコーヒーをスマホで撮影し、Facebookに投稿する。それがスタバの宣伝になる。スタバがお洒落に見えて、また若者たちがスタバに行く。無料で宣伝できる天才的な手口だ。完全に、巨大な企業の思う壺。「庶民とはなんて浅はかで無能なのか」と、私が言っているのではない。国家や巨大な企業、ＩＴ企業の偉い人たちが言っているのだ。絶対に。

せめて、有益な情報だけを拾うか、自分で流してみたまえ。その行動力があれば、Facebookも有益になる。


分かりやすく事例を挙げよう。

「富士山の山頂に登った写真をFacebookに載せる。そのために登るんだ」

これが行動力だ。

逆は、

「富士山に五合目までバスで来たから、Facebookに投稿しておこう」

だ。

私はボルダリングで四級以上を目指しているが、ＳＮＳに感謝している部分もある。

少しずつ上達していく様子をインスタグラムとYouTubeに載せているのだ。手術で腹に穴を空けた五十歳の男が無理なことをしているが、周りはそのことを知らないから、女子よりも先にバテたときは恥ずかしい。

「文系だからルートを覚えられないんですよ。将棋の駒みたいに字が書いてあればいいのに」

ルートを覚えないことを上級者に笑われて、そう笑って言い返したが、体力不足で半ば朦朧《もうろう》としていて忘れてしまうのだ。ボルダリングを登っていくルートは、赤や青のシールで記されていて、文字はない。それを私が覚えないのだと、顔見知りの人たちが苦笑しているという話だ。

それでも私が頑張れるのは、唯美主義の精神のなせる技で、自分は永遠に美しい肉体でなければいけないからだ。腹からは手術の痕も消せたし、後は「筋肉だけ」と頑《かたく》なに考えているからだ。

そして、「SNSに投稿すれば、同じ境遇の人の励みになるかもしれない」と考えているからである。

富士山の山頂まで、ルートはともかく五合目から五時間で登ったとして、それができなかった同年代の人に励みになるような登頂をして、投稿をすればいいという話だ。

同じ国の人たちの涙を軽視するな

まずは日本という偽善大国を観察してみよう。

巨大な地震が起きる。ブロック塀が倒れる。子供や誰かが多く死ぬ。その市の偉い人が一斉に市のブロック塀を検査するように指示する。同時に、一部の地域でも検査をするが、一部に過ぎず、また巨大地震が起きると、ブロック塀の下敷きになって子供が死ぬ。しかし、地震が少ない地域ではブロック塀のチェックはせず、大きな地震が起きたら、また子供たちが死ぬ。

猛暑で、学校でドミノ倒しのように子供たちが倒れて死んでいく。それも、死んでからその学校だけが「エアコンを入れます」などと言って謝罪して終わりで、ほかの学校は、翌日にまた子供たちを校庭で走らせ、死なせる。謝罪して、「迂闊《うかつ》だった」とか言って終了。仮に保育園だったら業務上過失致死にもなりそうだが、学校は校長が出て来て頭を下げたら、もう報道はされなくなるものだ。

それに対して、芸能人のスキャンダル、日大アメフト部の報道の長かったこと。政治家のセクハラも長い。子供が殺されるニュースは尺が短い。

タイの少年たちが洞窟から救出されたのは、本当に嬉しいことだが、その美談報道は長い、長い。繰り返すが、私も泣くほど嬉しかった。だが、同時期に猛暑で日本中で子供たちが殺されていて、西日本では豪雨の被害でやはり多くの人が亡くなっている。東京では、その報道が少ないと叱られて、「東京の人は西日本に無関心」と叱られ、ようやく報道の時間を増やしたような様子があった。

「偽善大国」と言ったのはそのためだ。

サッカーワールドカップで綺麗好きを大いに見せつけて絶賛されたが、実は人の命に対しては重要視している部分が大局的に見て、希薄。中にはもちろん、私のような人間もいるが、どんなに西日本の被害が甚大でも、「輝く私が好き」とずっと喋っている女子なんかＳＮＳにごまんといる。

男も、サッカーワールドカップが終わったら今度はプロ野球。または自己啓発。偉人の名言の発信。「成功者は皆、[redacted]をしていた」とか。ひたすら、これらのエンドレスである。

一見すると、人びとが不幸に見舞われている最中に自分磨きをしていたら、リードできるように見えるが、愛や優しさが欠損しているから、結局、後手に回ってしまう。

誰でも最後は、結婚か幸せだと思う。

その最後が三十歳の人もいれば五十歳の人もいるが、とにかく最後はお金よりも結婚か幸せだ。だから、「優しさ（知ってる？　優しさって知ってる？）」が必要だが、
ビジネスで成功したいとか、女として輝きたいなら、猛暑に殺される子供たちの心配をしていたほうが、周囲からの信頼も得られるでしょう。

違うだろうか。少なくとも私は、子供たちが猛暑で死んでいっているその同時期に、西日本豪雨の後でも死者が増えているのに、占いの自己啓発を盛んに投稿している女子なんか、悪魔にしか見えない。履歴を見ると、どんなときでも自己啓発。「輝く私のために今、するべきこと」とか。

「里中、災害が起こったら自粛しろって言っているのか」

違う。気持ち悪いと言ってるだけだ。

そして、その言動、ある意味、行動でその人たちが成功するとも思えないと言ってるのだ。

先日、私に「アシスタントになりたい」と言ってきた女子がいた。新しくアシスタントを雇うほどの仕事量はなく、「漫画家じゃないんだから」と、やんわりと断ったが、美人だったし、妙な自己啓発を喋らないし、優しい女子だったから、仕事を増やしてアシスタントにしようかなと考えたものだ。

つまり、「自立するために女はどう生きるのか」とか「四十歳からの輝く私」とか喋っている女はアシスタントにしないという話で、それは単純にうるさいし、女でも暑苦しいからである。しつこいとも言える。

男も同様で、個人コンサルで「西日本豪雨の大災害、どう思う」と、いやらしくだが言葉を投げてみたら、きょとんとした顔をして、「寄付でもしたらいいんですかね」とか返答する。

「君がビジネスが上手くいかないのも、友達ができないのもそれが原因だよ」

と言うと、またきょとんとする。

私は、

「今から焦って調べても遅い。後手、後手だ。私が会社の社長だったら君は雇わない」

と叱る。

では彼らは西日本豪雨のときに何をしていたのか。

自己啓発である。

本書に書いている自己啓発ではない。名言の検索。占い師の今日の言葉。偉人のあの一言。ネットビジネス王のコラムを読み耽《ふけ》ること。「筋トレをしたら成功する」という何のエビデンスもない記事を読むこと。

そのままネットの世界だけで生きていけば何とかなるかもしれないが。冒頭言ったように、あなたたちは、最後には結婚か幸せを欲しがる。暴君のような精神を持った男以外は、誰でも最後には「彼女が欲しい」「恋がしたい」「友達が欲しい」「結婚したい」と思うか、「結婚はいいから誰かと遊びたい」と考える。しかし、それは無理だと思う。

なんと、両方手に入らない確率が上がるということだ。優しさを失うと。

良い会社の面接に行っても行っても断られて、勤めてもすぐにクビになる。ネットビジネスはほとんどの人が失敗していて、ネットで怪しい商売をしていたら、昔で言う「ギャル」のような女くらいしか結婚相手も見つからない。

何もかも手に入らない。

同じ国の人たちの涙を軽視すると。

◆「人は不平等である」という大前提

最近、美女と食事をする機会を得た友人が「食い逃げされてもいいから、美女を隣に座らせて飲みたい」と決意表明をしていた。

良いことだ。なぜなら、食い逃げされるから。

最初からそれを分かっているなら、食事の次がなくても怒ることにはならないでしょう。相手は出会い系のアプリで出会った女子だ。彼女たちには目的がある。壮大な目的ではない、拙《つたな》い目的だ。

「一人の男と会えば、一回の食費が浮く」

しかもそれなりのディナー。ラーメンではない。

拙い目的と一蹴したが、実は美女の特権で、それを実行する気がない純粋な女性でも、美少女の頃からクラスメイトの男子に奢ってもらったりしているものだ。カラオケに行ったら、女の子たちは無料というのもそうである。だから、「奢ってもらうのは当たり前」となってしまう。

とは言え、先ほどの彼は、出会い系で知り合った彼女と趣味が一致していたし、セックスが絡む出会い系ではないようなので、上手くいってほしいと思っている（後日談：食い逃げされました）。

人は、不平等に生まれてくる。

美女とまるでそうではない顔の女の子。

頭の悪い男の子、天才的な才能がある男の子。

特に、女子の場合、深刻な大問題で、マイノリティの人たちに気を遣うよりも、「ブス」と一生言われている女子を救済したほうがいいと思うが、そこまで手を入れると、「デブ」もだめとか「ハゲ」もだめと際限がなくなるから、そうはならないのだろう。

だが、先進国は「ゼロ活動」が大好きではないか。ユートピアを作るために必死。

「オネエという言葉をなくそう」

とか、暇な民族としか思えない。その前に「ブスという言葉をなくそう」ではないか。

私も今、使ってしまっているが、「ブス」と言われた女子の絶望をよく知っている。おとなしい美少女が、学校でいじめに遭うのも、美少女、美女という存在が社会にとって脅威だからであって、その脅威をいちばんよく知っているのが、男たちだ。

「美女と食事をして割り勘にするわけにはいかない」

そう考えることで、会うまでの一週間、残業をする。

ある男が北海道に旅行に行ったら、一人旅の美女と出会ったとする。出会ったと言っても、同じ列車で同席になっただけだ。彼は東京で、彼女は福岡県の女性だったとして、LINEの交換をして、たまに連絡を取るようになった。しかし、東京から福岡に飛行機で行くには、結構なお金と労力、気力が必要だ。いきなり彼女の部屋に泊まらせてもらえるはずもない。地方だし、きっと実家暮らしだろうとも考える。

「だけど、すごい美女で、俺の好みだった」

と、夜な夜な頭を抱えてしまう。

「チャンスではないか」

と。

果たして千載一遇のチャンスか、ただの勘違いなのか。

後者は、相手の美女が、あなたのことを何とも思っていないという話だ。非常によくある。

私の場合、「女性に嫌われる本を書いている」という劣等感があるから、逆に「お、千載一遇のチャンス」と思ったら、積極的に動く。積極的と言ってもメールをするくらいだが、その返信に「会いたい」とあれば、地方でも会いに行くようにしている。それで食い逃げされていいのか、腹が立つのかは、やはりその女性のルックス次第なのだ。

出会い系の良くないところは、セックスが絡むと、パパ活みたいになってしまうのと、相手の女子に次から次へと男の誘いがあることだが、「会う」という行動を生ませることは良いことだと思っている。

美女と会うことすらできない男子が多いのだ。美女を肉食系のお金持ちに取られてばかりの人生だが、日本のフェミニストたちが、「今は料理男子とイクメン男子がモテる時代」などと洗脳してきた。正直、料理など、速水もこみち級になるのは別としたら、誰でもできるのに、まるで一種の才能や特技のようにもてはやしたのが、無能な男の子たちを騙す巧妙な作戦だった。

ＴＯＥＩＣで九百点を取るとか、ボルダリングからクライマーレベルになるとか、ゴルフでシングルになるとか、将棋で三段になるとか、それらのレベルと比べると、料理ができるようになるのはそれほど難しいことではない。私だって、本を見ながらだったらできる。

育児も大変だが、才能が必要なことではない。女性は母乳が出るから、男よりもずっと育児に向いていて、それが偉大なんだ。

いろいろ、勘違いしている先進国の人たちだと思っている。女性の褒め方も間違っていると。

美女とデートをするエネルギーは、先ほど書いた、レベルの高い技術を獲得する原動力にもなる。何の特技もなくて、美女を口説けることはあまりない。あるとすれば、お金持ちがそれを誇示した場合だが、そのお金持ちは、お金を稼ぐ特技、才能があるのだ。それでいて少し料理もできるとなったら、美女は簡単に落ちると思われる。

男はお金持ちになれないとあきらめ、女は美女には勝てないと分かったときに、結婚を目的とする。その結果、愛のない夫婦生活になってしまい、さまざまなトラブルで離婚となる。熟年の離婚は別として、ＤＶや妻の浮気による離婚がそうだ。

浮気する妻の中には、なぜか美人妻が多く、美女がお金持ちや活動的、能動的な男と結婚しなかったから、こうなってしまった。美女の妻を「女」として見ない夫もよくいる。

そう、美女を軽視している男もたまにはいるのだ。結婚すると、油断するのもあるだろう。別項にも書いたが、結婚制度は、もう今の時代には不向きだと思ってやまない。

しかし、美女は不滅で、資本主義社会である限りはお金持ちは最強で、どちらかを手にするのが男の夢だと思っている。どちらも手にできない人生は、私なら「悔しい」。

幸せになりたいなら強欲さを捨てろ

何度も書いているが、この原稿を執筆している二〇一八年の夏には、サッカーワールドカップ、オウム真理教死刑囚の死刑執行、大阪府北部地震、西日本豪雨など、大きなニュースが相次いで報道されている。

それでも、Facebookを開けば、「輝く人生のための三つの秘訣」「成功するための法則」といった自己啓発の投稿が結構な数見られた。投稿者がプロなら仕方ない。コラムの連載などもあるだろう。全国を騒がすニュースがあっても、連載を休むわけにはいかない。ここで問題なのは、投稿している彼ら彼女らが素人だということだ。

頭の中でそれらの自己啓発を呪文のように唱えていたら、Facebookに投稿できるはずもなく、相当な時間を費やしていると思う。私なんか、高槻《たかつき》市でブロック塀の下敷きになった小学生の女の子のことが悲しくて、また行政に対する憤りを感じ、まさに「それどころではない」心理状態だった。

だが、彼ら彼女らは違う。女児が殺されようが、もし日本がワールドカップで優勝しようが、自分のための自己啓発である。

正直に言ってもいいだろうか。

あなたたち自己啓発マニアが、何を口にしてもその思考は現実化しない。

なぜなら、行動していないし、空気も読んでいないし、潜在能力を引き出すための訓練（つまり行動）もしていないからだ。

独身女性に言っておくが、「四十歳からの自分の磨き方」なら、まずその口を慎んで、黙々とダイエットをするとか、大人なのだから、黙々とセックスのテクニックでも磨くのが賢明だ。「私が、私が」という言葉を並べていて、そう、そんなナルシシズムを剥き出しにした自己啓発の言葉を口にしていて、誰があなたを恋人にしたいと思うか、ちょっと想像してみてほしい。そちらの思考を現実化してほしい。

孤独に拍車がかかるという現実だ。

男にしてもそう。巨大地震で大阪の人たちがパニックになっているときに、「成功したいなら、LINE＠をクリック」とか、あなたのその「早く稼ぎたい焦り」に気づかない人たちはクリックすると思うが、まさに賢明な人たちはクリックなどしない。もし、クリックする人が多いからある程度成り立っている新規のビジネスだとすれば、日本はもう終焉を迎えているのだろう。

別項で、日本をダメにした「3S」のことを書いた。スクリーン（映画）、スポーツ、セックスだ。与えたのがアメリカかフリーメイソンか知らないが、それは都市伝説だとして、そこからスクリーンをテレビに置き換えたら、セックスは減少した。しかし、さらにスマホに置き換えたことで、また3Sに日本人はやられてしまった、ということだ。スマホでは出会い系も盛んだし、AVのダウンロードもスマホでするから、セックスに繋がる。

スポーツは古代ギリシャ時代から、戦争を休止するために生まれたものだから良しとして、それでもその数は多過ぎるし、その祭典も、矢継ぎ早にやってくる。スマホ依存症を笑って喋る大学生。ゲームのやり過ぎで、試験に落ちたことも笑っている。自虐すらしていない。

娯楽が多過ぎて、それに熱中する時間も長くて、その娯楽の中には「自分のための」自己啓発も含まれてしまっている。占いに熱中するのも似ている。

先日、タイに行ってきた。

タイの現状を若者に教えたら、「うわ、そんな国、絶対に住みたくない」と口を揃えて言った。だが、日本がタイに優っている部分は、政治がまともなのと清潔な街並みだけだ。

生きるための力も、笑顔も、懸命さも、コミュニケーション力も、実直さも、人間性で日本人が優っている部分はどこにもない。

タイでは教育が行き届いていない人たちが多いから、日本人のほうがＩＱが高いかもしれないが、その頭脳をゲームのレベルアップのために使っているのでは話にならない。

ピピ島巡りの小さな観光船に乗っていた写真撮影係の少年のはちきれんばかりの笑

顔を、私は日本では見たことがなくて、衝撃を受けた。タイの貧困層は食料が不足しているから、子供の頃にあまり食べていない若者は年が分かりにくいが、中学生か高校生くらいか、もしかすると二十歳くらいかもしれない。華奢《きゃしゃ》な体で、荒波でもカメラを必死に構えて、船酔いしたお客さんのフォローにも走り回り、きっと低賃金だろうが、それでも笑顔をずっと見せていた。

タイは軍が独裁している国で、希望がほとんどないと思うかもしれない。だとしたらその少年の輝く笑顔は何か。神の降臨か。

女性たちの売春も、両親のためにしている子がほとんど。

持っているのはiPhoneだけでファッションは平凡以下。日本に連れて行ってほしいと、日本のお金持ちを見つけては哀願する。日本人のように自己啓発を口にしている暇があるとは思えないし、それに効果があると教えたら、きっと爆笑するだろう。まだ「下ネタ」のほうが効果があると彼女たちは笑って言うと思う。

あなたたちは行動力とコミュニケーションを捨てた。

そして自分の笑顔のためだけに、人を想う気持ちも捨てた。
本当に成功したければ……。
いや、あなたたちの本心は「最後には幸せになりたい」だろう。
……幸せになりたいなら、その強欲なナルシシズムを捨てるといいだろう。

◆ただ「生きる」ことと「生き切る」こと

どこの国にも、一世を風靡《ふうび》した後、急に忘れられ、死んだときだけ「●●さんが亡くなりました」と報道される著名人、有名人がいるものだ。

アンブローズ・ビアスという奇怪な生き方をした無名のアメリカ人作家を紹介したい。彼の稀有《けう》な行動力は、決して真似をしてはいけなく、本書のテーマとは若干異なるかもしれないが、と言っても彼は犯罪者でもない。

南北戦争の時代の男で、その戦争にも出兵していて、頭部に銃弾を受けて生死を彷徨《さまよ》っている。しかし、ＰＴＳＤになることもなく帰還。英国に渡り、執筆活動を始めた。ペンネームの中に「悪魔」の文字を入れていたらしく、先ほど、ＰＴＳＤにならなかったと書いたが、戦火の中、後遺症はあったのかもしれない。

しかし、当時の時代を皮肉った言論の数々は人気となり、彼は英国からアメリカに戻った。辛辣《しんらつ》で、筆一本で敵を倒せるような言葉を作る彼には敵が多く、だが、仲間を集めて政治的な活動をしているわけでもない。テロのような行為はしていない。一応、文筆家なのである。

彼には強靭《きょうじん》な精神力と行動力があった。


しかし、人間には、老いと寿命がある。


そこに彼は気づかなかったのかもしれない。

ビアスだけは幸運にも七十一歳まで「まとも」だった。「苦痛とは他人の幸せによるものでもある」などという彼の言葉を聞けばまともな男だとは思えないが、彼は妻に先立たれたばかりではなく、子供たち三人のうち、息子二人は早世している。その前後に時代が変わったため、仕事を失い、彼はなんとアメリカを捨てて、一人でメキシコに移住を目指した。

高齢になってから海外に移住を決めたのだから恐ろしい。

孤独なのだ。

そして、一人でメキシコに渡ったビアスは消息不明となり、その遺骨すらも発見されていない。

　もし、あの世があるなら、地上の墓などどうでもいい建物になるが、あの世がないとして、自分の墓もないビアスは悲劇の人間と言える。無縁仏は多いとは言え、死んだ理由も場所も分からない著名人も珍しい。

　自らを悪人と認めて、自ら姿を消して、遺体も見つからないようにしたのではなく、彼は「俺は正しい。アメリカがおかしい」と言い張って、メキシコに渡ったのだ。そして砂漠かどこかで朽ち果てて、そのまま灰か砂になったか、ハイエナのような動物に食われたのである。


　この生き様はどうか。

　一応、日本の書店に本がまだ置いてあるから、われわれよりもその仕事は優秀とも言える。天国があると考えるから惨めに思えるだけで、世界の共通概念が「死んだらただの灰になる。あの世はない。輪廻転生《りんねてんせい》もない。何もない。葬式なんか必要ない」であれば、別に惨めな死ではない。そうではないから、「かわいそうな奴」となるのだが、生きている間に、何度も死線を彷徨い、生き延びて、その後にビジネスも成功させた。

家族の愛に恵まれなかったのも、妻に愛されなかっただけであって、それは二組の夫婦に一組あるものだから、「離婚した」「ケンカが絶えなかった」「セックスレスだった」と、笑っている人たちが奇妙だと思うが違うだろうか。

人とは不思議な生き物だ。

自分の都合の良いほうに解釈しようと頑張る。しかも、それが明らかに間違っている出来事でさえ、自分の都合の良いほうに解釈する。少ない人たちではなく、大勢が間違っている目の前の出来事を「正しい」と言いたがる。

ビアスの生き方は正しかったか、正しくなかったか。

ほとんどの人は、「正しくない」と嘲笑するだろう。最後に異国で行方不明になり、遺骨すらないし、母国を軽蔑して去っていった末路だし、妻には先立たれていて不仲だった。

そして、吠えて、吠えて、吠えていた。

「アメリカに幻滅した」と。

彼のことは私は詳しくない。専門家でも資料不足で調べることはできないだろう。しかし、戦争で大いに戦い、生死を彷徨いながら生き延び、文筆家になり、成功し、愛を得られず大失敗をし、子供が不運にも先に逝き、晩節を汚して死んだ。

ビアスが今、大きく評価されているわけではないが、私は似ている男に詳しい。

オスカー・ワイルドだ。

彼は今になって名誉を得ているが、亡くなったときは晩節を汚した、一文無しのゲイだった。妻にも子供たちにも先立たれて泣き崩れていた。大いに叫び、しかし正論を述べていた。

ビアスの言葉も、総じて正論のアイロニーで、だから、今でも熱狂的な信者がアメリカとイギリスにいるのだろう。

私が言いたいのは、

彼らは時代と「戦う」という生き方を選んだ。

ということだ。

ビアスは意識的に、ワイルドは無意識に、時代を変えようとしていた。何とも戦わない人たちはきっと、彼らを軽蔑するだろう。平凡な家庭に憧れている女子が、ビアスを読むことはないだろうし、「平凡がいちばん」と言っている男子が、ワイルドの生き方に共感することもないだろう。

ただ、ただ、私があなたたちに教えたいのは、彼らは「生き切った」ということで、善悪はともかく、日々活発に行動していて、自らの言葉を作り、自らの足で大地を踏みしめていたという事実だ。

私は好きな女性には嫌われたくないが、彼らの破天荒な生き方には憧れる。

あなたたちは悔しくないのか

この世に生まれたのに、あなたたちはこの世界の巨悪や巨大な団体の奴隷のような状態だ。特に、部屋にこもっていたり、「会社に行けない」とか言っていたり、「恋愛もできない」とか「好きなことが見つからない」と言っている人たちだ。

せめて、好きなことを見つけて動いてほしい。

好きなことは子供の頃に最初に見た衝撃の「美しいもの」「かわいいもの」「面白いもの」「心に響いた言葉（思想、哲学）」と決まっている。

その逆が、トラウマというやつなのだ。トラウマとか「傷ついた」とか私は信じないが、それはともかく、好きなことはトラウマの逆で、トラウマは放っておいて好きなことを脳にインプットしてほしい。そしてそれに対して貪欲に動くのだ。

二〇一八年の夏は、猛暑もまた記録を更新し、多くの人が亡くなったが、政府は何も対策を取らない。ちょうど西日本の大豪雨の災害があり、その直後の猛暑で感染症まで蔓延しているのに、性同一性障害の人たちの記事が猛暑よりも上にあったり、女優のスキャンダルが長い時間報道されていたり、毎度のことだが、大衆の苦しみよりも個人の目立つ人間を助けるかいじめるかで、何かを誤魔化そうとしている。

何を誤魔化そうとしているのだろうか。

昔、小泉元首相が言ったように、そう「バカを増やせば選挙で勝てる」というやつだ。懐かしい言葉だが、B層のことである。B層は常に放置されていて、目立つこともないから、死んでも構わない。それがたとえ子供でも。

学校は、猛暑にもかかわらず子供たちを校庭で走らせ、殺し、謝罪をして終わりだが、安倍総理がそれに激高することはない。そしてまた翌日、学校でまだ同じ愚行が繰り返されるが、そこの教師たちは明らかに頭が弱く、社会の奴隷で、巨悪に動かされているだけの人間たちなのだ。

本来とは別の意味で「子供が好き」で教師になった人間は、男女かかわらず、性行為で逮捕されるかクビになり、それ以外の一見真面目そうな教師たちは、君が代で起立するしないで揉めていたり、まさに猛暑だろうがゲリラ豪雨だろうがマニュアル通りにしか動かないB層なのである。

唖然とするばかりの愚行を繰り返し、子供たちを死なせているのに、驚くべきことに、その問題は一日か二日でネットから消える。


世界の巨悪からも、あなたは騙されていて、奴隷状態かもしれない。

体の不調。

心の不調。

WHOが調査すれば簡単に実証できるさまざまな問題に、WHOは手を付けない。大きな問題に、まさに世界的な異常気象には声高になるが、あなたが会社に行けなくなった原因や考える能力を急になくした原因は放置だ。

天才が増えたら困るのだ。

ルソーやオスカー・ワイルドや中川昭一のような人物が増えたら困るのだ。

世界を良い方向に変えてしまうような言葉を作ったり、活動をしてしまったりされると、大金が動かなくなる。ダイアナ元妃もやられたではないか。ケネディ元大統領もだ。ジョン・レノンも。

天才や活発的な才気溢れる人間を増やすと厄介だから、鬱で動けなくなって、いっぱい薬を買ってくれる人間を増やす。巨悪の根源にいる奴らが豪遊するために、あなたたちを殺そうとしているのである。

スポーツが驚くほど、どんどん増えていく。スポーツ選手は立派だが、それを見る大衆はその時間、ずっと勉強も何もしていなくて、お菓子をポリポリ食べながら、ビールを飲みながら、呆けている。猛暑で子供たちが死んでいっても、次から次へと出てくるスポーツの祭典に夢中になるのである。だから、スポーツは世界各国で大いに政府が励行する。

人生百年時代？
八十歳からは薬漬けだ。狙い通りと言える。

奮起してほしい。巨悪には勝てない。米合衆国から銃がなくならないように。あなたが税務署に勝てないように。

あなたは一般人だが、頭が良いのか、世の中の矛盾に気づき、体の調子が悪いとする。朝、起きられないのも当たり前だ。人間は原子時計ではないのだ。

あなたは暗殺された天才たちと一緒で、暗殺ほど派手でなく、じわじわと殺されていく立場にある人間で、

それが悔しければ、せめて、せめて、好きなことをするか、懸命に誰かを愛して生きるか、一回でもいいから強烈な快楽の海に飛び込んでほしい。

高笑いをしながら、「生まれてきて良かった」と言って死んでほしい。

あなたは酒の飲み過ぎで、体調が悪い。肝臓の調子も悪く、医師から「このままだと長生きできません」と言われた。

誰のせいだろうか。

お酒を飲むように勧めているのは、世の中なのだ。あなたの友達ではない。

パチンコも競馬もそう。ギャンブルがそんなに悪徳で、家族を泣かせるなら、なぜ、その施設や団体が残っているのか。

才能のある人間をギャンブルで無能にしたいからだ。そして巨大な団体が儲けたいからである。

あなたたちは悔しくないのか。
世界の奴隷で。

【著者紹介】
里中李生　（さとなか・りしょう）
本名：市場充。三重県生まれ。作家、エッセイスト。20歳の頃に上京し、30歳でフリーライターから作家活動を始める。時代に流されない、物事の本質を突いた辛口な自己啓発論、仕事論、恋愛論を展開する。「強い男論」「優しい女性論」を一貫して書き続け、物事の本質をずばり突くその主義、主張、人生哲学は、男女問わず幅広い層から熱狂的な支持を得ている。ベストセラーやロングセラー多数。著書の累計は260万部を超えている。代表作に『一流の男、二流の男』『男は一生、好きなことをやれ！』『成功者はみな、怒りを秘めている』『この「こだわり」が、男を磨く』（以上、三笠書房）、『「孤独」が男を変える』（フォレスト出版）、『一流の男のお金の稼ぎ方』『男はお金が9割』『一流の男が絶対にしないこと』（以上、総合法令出版）、『悪徳の成功法則』（宝島社）。web小説「衝撃の片思い」も好評連載中。

◆里中李生オフィシャルウェブサイト
http://www.satonaka.jp/

男の価値は「行動」で決まる

2018年10月23日　初版発行

著　者　里中李生
発行者　野村直克
発行所　総合法令出版株式会社
〒103-0001 東京都中央区日本橋小伝馬町15-18
ユニゾ小伝馬町ビル9階
電話　03-5623-5121

印刷・製本　中央精版印刷株式会社

落丁・乱丁本はお取替えいたします。

ISBN 978-4-86280-640-6

総合法令出版ホームページ　http://www.horei.com/

好評既刊

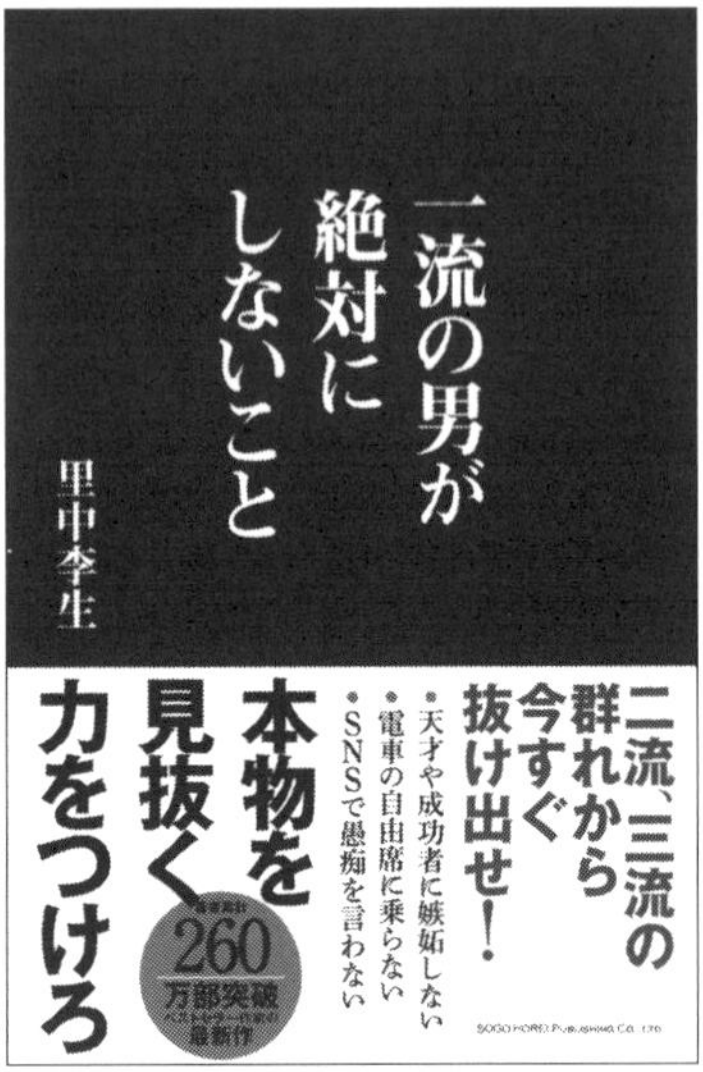

一流の男が絶対にしないこと

里中李生 著｜定価 1,200 円＋税

「一流の条件」とは何か。人並み以上の資産を持てばいいのか、高い地位につけばいいのか、あるいは目を惹く容貌であればいいのか。いや、周囲を見れば、それらを持ちながら、一流とはみなされない人物も多い。それは、彼らが自分自身を貶める何かをしてしまっているからだ。

人間の本質は、些細な言葉や行動、考え方に表れる。一流の男は、何をすれば自分を堕落させてしまうかを知っている。

累計 260 万部を超える著者が、偽善や嘘が溢れる世の中で本物を見抜く力、そして自分自身が一流になるための方法を語る。